螺蛳粉先生

马中才 著

作家出版社

图书在版编目（CIP）数据

螺蛳粉先生 / 马中才著 . -- 北京：作家出版社，2023.10
ISBN 978-7-5212-2423-8

Ⅰ.①螺… Ⅱ.①马… Ⅲ.①马中才－自传 Ⅳ.① K825.38

中国国家版本馆 CIP 数据核字（2023）第 152372 号

螺蛳粉先生

作　　者：马中才
责任编辑：丁文梅
封面设计：王　锐
出版发行：作家出版社有限公司
社　　址：北京农展馆南里 10 号　　邮　　编：100125
电话传真：86-10-65067186（发行中心及邮购部）
　　　　　86-10-65004079（总编室）
E-mail:zuojia @ zuojia.net.cn
http://www.zuojiachubanshe.com
印　　刷：唐山嘉德印刷有限公司
成品尺寸：130×185
字　　数：105 千
印　　张：7.5
版　　次：2023 年 10 月第 1 版
印　　次：2023 年 10 月第 1 次印刷
ISBN 978-7-5212-2423-8
定　　价：46.00 元

作家版图书，版权所有，侵权必究。
作家版图书，印装错误可随时退换。

目 录

序
小马，中才　东西 / 001

第一章　一梦三十年 / 001
第二章　中国式的吉卜赛人 / 031
第三章　写稿子，擦桌子 / 057
第四章　互联网石器时代的网红店 / 087
第五章　多年以后，你会不会想起这样一个夜晚 / 119
第六章　你见证我的成长，我见证你的青春 / 147
第七章　爸爸身上有点臭 / 173
第八章　螺蛳粉知识普及篇 / 193

后　记
一本书，一碗粉　蒋峰 / 211
一家店，一个家　水格 / 215

序

小马，中才

东　西

过去我们喜欢在各个行业里找作家，现在我们喜欢在作家里找各种行业，而马中才的故事正好契合了这个现实。他曾经获得过新概念作文大赛一等奖，拥有"80后作家"的标签，年纪轻轻便出版了八本书，只要铁了心沿着这条道路走下去，成为一个畅销书作家不是没有可能。但是，他偏偏要做文化公司，偏偏要做图书出版，结果可想而知，不仅他的写作被耽搁了，而且还把老板的投资彻底地玩完。

我第一次见到他是在北京，那是十三年前，却遥远得像上个世纪。之所以有遥远感，是因为这些年他逆袭的速度太快。只听"嗖"的一声，那个当初腼腆的男孩，秒变今天这位"螺蛳粉先生"，三个孩子的父亲。太快了，快得仿佛只动了一下眉毛。当然，这是从我的角度，是一位长期伏案者担心时间流逝而产生的真实感受。如果从他的角度，也许时间不是太快而是太慢。试想，当年他和诗人黄土路注销文化公司后，走在冷飕飕的北京街头，是不是漫长的煎熬？失败感霸占心头的时间是不是很久？做改行决策的过程是不是万分纠结？凭我的观察，单单放弃写作这一决定就会折磨他不少时间。他太热爱写作了，热爱得把所有的时间都用来做螺蛳粉，以祈忘记写作或者尽快挣够了钱再回来写作。

他是2012年秋天回到南宁的，说要在这里扎根，并建立螺蛳粉生产基地。三年多不见，一位作家不谈写作而大谈酸笋、豆角和田螺，差点把我噎住，以为他是一时冲动，就问他得不得？他坚定地回答：得。因为这三年，仅仅是他开的一家"螺蛳粉先生"实体店，就让他和他的弟弟妹妹们脱贫了，甚至中产了。不知道为什么，我忽地松了一口气，也许是害怕他在写作这条道上失败，也许是为他的成功转型，也许是为他要承担责任的那个大家庭。在继续写作与养家糊口这两个选择题面前，任何人恐怕都会首先选择后者。

创业之初，他想一边在单位工作一边做螺蛳粉，甚至报考了我所在大学的创作中心。他考上了，但我劝他别来，因为一心不能两用，而且这个岗位的收入每月不过几千块钱，根本满足不了他的小目标。他想想，也是，便放弃了，专心做螺蛳粉。虽然放弃了我这个单位的工作，却是我们单位的编外人员。开会时我们叫他帮忙，接机送客时也少不了他的身影。

他的突破，是研制出了袋装螺蛳粉并在网上销售。由于销售势头渐涨，他叫我为袋装题写"螺蛳粉先生"。我的字哪拿得出手，便拒绝了。但他死磨硬泡，请我吃了不下十碗螺蛳粉，说"东西"这个名字吉祥，只要东西来了什么都有了。我一时忘形，连写十几张才勉强选了一张送给他。字虽然写得一般，但他的螺蛳粉却越卖越多，以至于现在我想换字他都一万个不答应，说消费者已经适应这个包装，轻易不能换掉。

他的第二次突破，是与网络大咖共同开发新的螺蛳粉品牌。这一合作，让他的产值一翻再翻。由于需求量大增，他每天都到生产线上去盯产品，把质量，一盯就是几小时。同时，他还在做宾馆，开民宿，参与其他产品的经销。某个酷暑天，我偶遇他为客户送螺蛳粉，衬衣的后背湿得像一块中国地图。可以说，他今天的成功，是他一寸一寸地磨出来的。繁忙的间隙，两个月或者三个月，他会与我们聚一聚。而每次见面，我们都能听到他的好消息，比如销量又上去了，顾客的评价又高了，产品卖到海外了，孩子上学了，又买房了……他的这份长长的清单，仿佛把时间都撑长了。

毫无疑问，他成了从作家转型为企业家的典范，许多媒体为他的转型喝彩，就像三十年前为某个企业家成为作家那样欢呼。今天，少一个作家没人惋惜，多一个企业家却能给社会带来财富，尤其是这个作家还没有完全证明他能成为优秀作家的时候。人们乐于围观作家向企业家流动的故事，说明当下成为一个企业家远比成为一个作家更难，而三十年前则恰恰相反。在媒体为小马，中才鼓掌的时候，我在想，他为什么能成功转型？首先，他善于捕捉商机，那就是敏感地发现螺蛳粉产业会迅速火起来;其次,他抓住了网络创业的两个窗口期,第一个是当初开实体店时他利用了微博销售,第二个是他搭上了网络直播的顺风车;再次,他有经商的天赋,表现为广交朋友,真诚待人,乐于让利,确保质量,等等。当然,这所有所有的才能都来自他的人格,来自文学赋予他的情商以及基因赋予他的智商。

2023.6.22

第一章/一梦三十年

从事餐饮这么多年,每去到一个地方,都不可避免地要去品尝当地的特色美食,这是职业病。

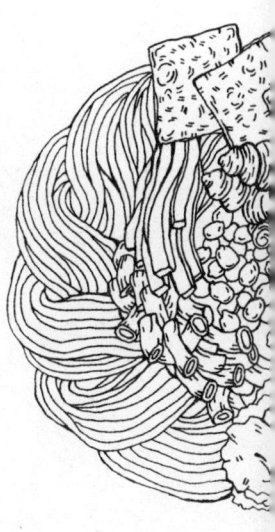

我不太喜欢旅行,因为旅行会打乱我的生活规律,让我缺乏安全感。并且每次离开家外出旅行,我都会变胖。这挺悲哀的。对于一个减肥者来说,哀莫大于变胖。

从事餐饮这么多年,每去到一个地方,都不可避免地要去品尝当地的特色美食,这是职业病。但同时又挺欣慰的,甚至有点小庆幸,毕竟可以肆无忌惮地去吃,还可以堂而皇之地给自己找个借口:我是来考察的。

这就是一个吃货旅行的意义。我就是这样一个矛盾体。我老婆却经常撑我:胖算工伤吗?

我老婆和孩子蛮喜欢旅行的。他们不像我一样美其名曰考察美食。他们就是觉得在家待久了,要出去感受一下外面的世界,换一换新鲜的空气。吃什么是无所谓的，只要能出去玩，天天麦当劳肯德基又何妨。尤其是小孩上了一学期的课，寒假暑假啊总要找个机会出去走一走瞧一瞧。否则就会觉得这个假期白过了。所以每个长假来临之前，我老婆就开始在"快乐一家人"的群里跟家人们一起讨论旅游计划了。

我老婆叫闹闹。不是因为她叽叽喳喳，她是个文艺青年，笔名叫小闹钟。

众所周知，2023年的春节是很特别的一个春节。闹闹建议我动员全家返乡过年。

我们兄弟姐妹四人（我在家里排行老大，是大哥，下面有二妹、三弟和幺妹）自1992年随父母从湖南来到广西，全家人已经三十年没回老家过年了。我父亲到死都没有再回去，这挺遗憾的。我们的配偶和我们的下一代，也从来没有去过我们所谓的湖南老家。他们只听说过，我们是从湖南过来的。

闹闹作为一个土生土长的广西女孩，总渴望去我的家乡看一看，她经常对我说："每年都听你说要回老家，但年年只是说说而已，再不带我们回去看看，按现在的拆迁速度，老家就变成一个传说了。"

"你就放心吧,怎么拆也拆不到我们那个叫'坳下'的小山村。"

这么多年没回去,现在突然把回乡提上日程,说实话,我是有点近乡情怯的。应该说在我的潜意识里,或者舒适感里,已经把南宁当作我的家乡了。毕竟,我在南宁生活了太久。从2001年来南宁读大学,到现在已经是第二十三个年头,虽然其间离开了四年,但只有回到南宁,我的心才会安定下来。

我在南宁待的时间比在老家待的时间长多了,并且在老家那些年还是不太记事的童年时代,因为太小就离开的缘故,对老家的依赖并没有像父辈们那么强烈。

但不管怎样,家乡始终躲在心灵深处,每个人的童年都是不可或缺的,只要记忆中的家乡还在,不经意间就会有回老家的冲动。就算老家已经没有了房子,也可以住在伯父家;就算父老乡亲可能都不认识了,也可以听听家乡话……老家变得再陌生,永远不会缺亲切感。

毫不犹豫,我们启动了2023返乡过年的计划。

闹闹从小孩放寒假那一天开始就制定了非常详细的日程表，并提前购买了机票和车票。

我一看行程，安排得满满当当，大有要把疫情三年没实现的旅行全部补回来的架势。

第一站去北京。

二妹帮我在北京管螺蛳粉店已经十三年了。螺蛳粉先生蓟门桥店，绝对如假包换的第一代网红店。我一定要带我的小孩去看看，那是我们梦想启航的地方，从某些方面来说，那是一个比老家更重要的地方。如果没有这个店，我不一定会和闹闹结婚，更别说有这三个娃了。

我们的生命中出现的每个人都是有原因的，绝非偶然，不是吗？

2023年1月8日，我们一家五口从南宁飞到北京，第一件事就是让三个小孩站在螺蛳粉先生蓟门桥店的店门口，给他们拍了张照片留影。我告诉他们，这家店开业的时候，你们三个都还没出生呢。因为疫情的原因，我们好久没来北京了，我的小女儿是第一次见到她的大姑姑——马大姐。

马大姐，我称其为大姐，其实是我妹，比我小两岁。因为她是厨房的大师傅（螺蛳粉先生掌勺第一人），平日里大家都尊称她马大姐。我也就跟着大家一起叫马大姐，叫着叫着就习惯了。

小孩和大姑并不陌生，因为经常在"快乐一家人"的家庭群里分享一些照片和视频，所以就算是第一次见面，却仿佛好久不见，冥冥之中的血缘关系也有那么一股亲近的力量，拉近彼此的距离。

我的三个小孩在南宁就和小姑姑（我幺妹）特别亲。因为我常常忙得没有时间陪他们，闹闹一个人照顾不了三个，所以经常叫小姑来帮忙，常常是她们俩带着孩子们去动物园，去游泳池，去万象城。孩子们也喜欢和小姑一起玩，让小姑抱，跟小姑撒娇。现在面前又多了一个大姑，他们的潜意识里，觉得可能会多一份宠爱。因为"姑姑"这两字，对于他们来说就是宠爱的代名词。而事实上，确实也是这样的。尤其是我的小女儿，大姑自打见到她之后，抱到怀里就没有放下来过。嘴巴用来亲她的频率比用来吃饭的频率还要高。

接下来的几天，我和我爱人带着孩子们去了故宫，去了长城，去了环球影城，去了颐和园，去了三里屯。马大姐却因为要守店没能和我们一起去。十几年如一日她都是这么过来的。为了这个螺蛳粉店，可以毫不夸张地说她奉献出了自己所有的时间，甚至家庭和青春。尤其是要过年的那段时间，不好招人，该回家的员工都回家了。再说了，这几年因为疫情的原因，生意艰难，勉强能撑下来已经很不容易了。马大姐为了节省人工成本，经常把自己一个人掰成好几人来用。所以虽然来北京十几年了，大部分北京的名胜古迹她都没有去过。马大姐就是这样一个彻头彻尾的工作狂。这个所谓的十三年老店，如果没有一个马大姐这样不顾一切的老将，恐怕早就不存在了。

这几年北京的螺蛳粉店，起起伏伏，不知道倒闭了多少家。当年和我们前后脚同时开业的朝阳门那家高大上的螺师傅柳州螺蛳粉如今能想起这个店的还有几个人呢？再后来，很多家平平凡凡的夫妻小店，挂个某某螺蛳粉的牌子，悄悄地开了，又悄悄地关了。自生自灭，并没有多少人在意它们的生死。当然也有新的品牌在不断崛起，新的资本在砸向市场，宣传片、软广告、价格战随处可见。尤其是这几年袋装螺蛳粉风生水起，习近平总书记亲自到广西视察螺蛳粉工厂，"小米粉，大产业"的环境之下，让无数的螺蛳粉小店又如雨后春笋一样冒了起来。

我们去长城的那天下雪了。这是孩子们第一次看到活生生的雪。孩子们是天生喜欢雪的，不管是南方的，还是北方的。那种漫山遍野的白，纯粹得就算是再冷的天气和再大的风也挡不住他们的兴奋和幸福。还没有看到长城呢，我们只是来到了长城的脚下，就被这白茫茫的一片给迷倒了。孩子们跟疯了似的，用各种各样的方式和雪接触，摸、爬、滚、打，摆各种pose拍照，在雪里写下自己的名字，把它设为iPad的屏保，甚至直接抓起一把雪放到嘴里吃了起来，然后眯着眼睛告诉我，甜甜的，凉凉的……他们就这样一直疯狂地玩到雪进了鞋子，袜子都湿透了。

我们给孩子们换了新的袜子，戴上手套和帽子。我告诉他们，长城上面的雪，比这里的雪更好看呢。他们才意犹未尽地坐着缆车和我们一起前往慕田峪长城。

相对于长城的伟岸来说，小孩反倒被几只野猫给吸引了。我们从缆车下来，看到一个破旧的不再营业的小商店。倒闭的小商店关门大吉，留下三只乖巧的小猫煞是令人心疼。因为它们暂时没有了主人，我们姑且叫它们小野猫。

孩子们见到它们的时候非常兴奋，马上把包里的零食和面包拿出来给它们吃。它们还真的吃了一些。可能是下雪了它们在外面找不到吃的，饿坏了。所以它们吃了一些面包和油条。孩子们一点都不害怕这些小野猫，抱着它们，喂东西给它们吃，帮它们梳理毛发，喵喵喵地和它们互动，大有要带回家做朋友的架势。

要不是我们软磨硬泡把他们和猫咪分开，来看长城的一天差点变成和猫咪玩耍的一天。对于小孩来说，他们还不了解长城的历史，不能体会长城的人文情怀，不知道长城在世界上是可以代表中国的一个奇迹，孩子们只是把长城当作一道自然景观。我想，我们以后带孩子去哪里旅游之前，还是应该先给他们做做功课，就像他们上课之前要给他们预习一样，才容易进入状态，这样是不是更好一些？

闹闹听了我的建议，频频点头。

我家的孩子特别喜欢宠物，这完全是遗传了闹闹的基因。以前闹闹和我在北京开螺蛳粉店的时候，就经常收养一些流浪猫流浪狗。我们结婚以后养过一只猫，但孩子出生以后就不养了，毕竟孩子太小了，不适合天天和宠物一起玩。后来又有了老二老三，我们两个大人照顾三个小孩本来就有点力不从心，所以这些年来，养宠物的想法刚萌生就放弃了。每每我们出去玩儿，我抱怨他们在宠物店待的时间太久时，闹闹就怼我："好在家里没养宠物，你就暗自庆幸吧，不然你的家庭地位又要下降一位啦。"我只好频频点头称是。

从长城下来的第二天，我们特意把小孩送到北京一个养猫的朋友家玩了一天，让他们和猫咪在一起待个够。可是家猫还没野猫那么黏人呢，它总是不让你好好地抱它，一下子就挣脱你的怀抱，跳上书柜，钻入床底，钻进衣柜，调皮得总是在和你捉迷藏。但即便是这样,小孩也不亦乐乎。猫不见了,大家一起来找猫,找到了之后就奔走相告,这又是一种新的玩法。

也许,出来玩对小孩来说其实宗旨就是一个"玩"字。在家里和宠物玩也是美好的一天,出不出来无所谓的,名胜古迹无所谓的。不用写作业,能"玩"就开心啦!

我们在北京待了七天。按照惯例,我在北京的每个分店吃了一碗螺蛳粉,这是职业病,也是我的工作,但这工作和小孩没有关系,所以我宁愿让他们在朋友家继续和猫咪捉迷藏,也没有让他们和我一起去各个分店逐一品尝螺蛳粉的区别。当然了,他们也品尝不出个所以然来。最多只能告诉我,辣还是不辣。

这么多年了,北京现在又只剩下四个店了——蓟门桥店,中关村店,民族大学店,黄寺大街店。而已经关门停业的店反而有五个那么多——劲松店,交通大学店,紫竹桥店,昌平店,北沙滩店。所以说经营一家十年老店是多么不易。那些倒闭的小店就如"不幸的家庭"一样,各有各的不幸,要么是拆迁,要么是酸笋味儿太臭,被前后左右的邻居投诉,要么就是遇到不好的房东，想着法子在你身上薅羊毛，要么是选址失误或者是员工的失职……总之，开一家小店，门槛很低，竞争很强，生存不易，且行且珍惜啊。

一周之后我们去了大连。大连其实跟螺蛳粉是八竿子打不着的。但对我来说，是大连给了我再次把螺蛳粉当作毕生事业的勇气。我第一次想把螺蛳粉当作事业去做是在北京的小店里忙得不可开交的时候。那时候我觉得自己选对了方向，也得到了爱人的认可和协助，整个人充满了正能量，螺蛳粉里掺杂着爱情，让我充满了斗志，累并快乐着。

但往后的几年里，在螺蛳粉这个行业兴起的巨大竞争中，我错失了很多的机会。我常常会抱怨自己不是一个真正的商人，骨子里总是把情怀放在第一位。好在我后来认识了两个跟我臭味相投的大连人——美达和赵阳。他们和我一样，对螺蛳粉的感觉不是商业的气息，不是说我要在这碗螺蛳粉上赚多少多少钱，而是一种不顾一切的干劲。所以我要带上我的家人去大连看看。

我们在大连的螺蛳粉店叫"大羊螺蛳粉"。在螺蛳粉行业内，这是一个新兴品牌，但大家都不陌生。因为2022年上了大众点评必吃榜。必吃榜是很多餐饮人梦寐以求的目标，大羊螺蛳粉只用了两年就拿到了这个荣誉。一个东北的城市，经营着一个南方的特色小吃，居然上了鼎鼎有名的必吃榜，不明觉厉吧？

大羊螺蛳粉是美达和赵阳创立的品牌，大和羊连在一起，就是美达的"美"字。羊同音赵阳的"阳"字。本来和我是没什么关系的，但冥冥之中他们选择了我作为合伙人，让我来负责产品的研发工作。我一下子被委以重任，当时感动得都说不出话了。

他们找了那么多的螺蛳粉厂家进行比较，一路考察过来最终选择了我。我相信，这不是因为我的口才有多厉害说服了他们，也不是因为我的工艺有多先进征服了他们。我唯一能想到的是，我和他们是同一类人，我们有着相同的情怀罢了。

大家都说，投资就是投人。找合伙人，跟找对象一样，需要的是眼缘和感觉。美达委托赵阳来见我，赵阳觉得我这个人一见如故，挺好。

这相当于他俩要建一栋大楼，然后让我来打这个地基。人与人之间的信任，在他们眼里变得简单而干净。我们普遍认为人一旦过了三十岁就很难遇到以心相交的人了，因为大家或多或少受过一些伤害，变得明哲保身。也许是我们自己的心扉没有打开罢了。很多时候，当我们被委以信任，我们是没有办法去辜负这一份信任的，我们唯一能做的，就是对得起这一份信任。有了这个基础，人与人之间的交往，一下子就变得轻松多了。用美达的话来说，四个字：干就完了！

美达比我更加热爱螺蛳粉。因为她嫁到了美国，每次回国都是要把行李箱挤满螺蛳粉带出去。我是湖南的，美达是大连的，我们都不可救药地爱上了螺蛳粉。美达起初是吃我做的螺蛳粉，我微博里最早记录的有关美达的文字是2017年8月3日，那时候她带了满满的一个行李箱的螺蛳粉去美国，拍了照片分享给我，我给那张照片命名为"一个芝加哥的中国媳妇的幸福"。谁也没有想到，两年之后的美达，成了千万粉丝的大V。

后来的后来，美达约上赵阳和我一起做螺蛳粉。但迄今为止，说出来你们可能都不信，我还没有真正见过美达一面,因为这几年她一直在美国。所以这次去大连,也见不到她。

你们有过这种感觉吗,两个人从来没有见过面,但仿佛已经认识了很久,很久。就像赵阳说的,一见如故。任何时候见面,我们都不会觉得陌生,是吗?算起来我和美达应该认识六年了,回想这几年我们的关系,没有刻意去维护,节日也不需要复制问候的短信,顺其自然的,大大咧咧的,没有为了交往而交往的压力,挺好。

我们那天到大连的时间比较晚,赵阳带着自己家包的海鲜饺子来车站接我们。装饺子的餐盒用厚厚的毛巾包着,放在保鲜袋里。所以我们吃到饺子的时候还是热烘烘的。

这次本来想带闹闹去大羊螺蛳粉店尝一尝上了必吃榜的螺蛳粉是什么味道。毕竟,我跟她说过很多次,赵阳做的螺蛳粉,"青出于蓝而胜于蓝"。但店里已经开始放年假了,所以这次没有尝到。闹闹颇感遗憾。但我马上安慰她:正好,为你下次来大连留下了冠冕堂皇的理由。

闹闹笑了。是的,她期待着再次出来旅行。对我爱人来说,出来走动走动远比品尝一碗螺蛳粉有意思多了。

这么说吧,世界上有两种人,一种人可以为了一碗螺蛳粉特意安排一次旅行,而另一种人则是在旅行途中顺便吃一碗螺蛳粉罢了。这就是我和我爱人的区别。

在螺蛳粉这个课题上,赵阳和我是一类人。他是一个不折不扣地把螺蛳粉当作毕生事业的人。我作为公司的产品总监在赵阳面前都是汗颜的。赵阳还是个细节控,很多事情都要亲力亲为去做。并且大羊螺蛳粉从开业以来一直都舍不得上外卖,因为他总觉得外卖送达以后的螺蛳粉没有现场煮的那么好吃。所以不管店里有多拥挤,他都不愿意开美团外卖。大羊螺蛳粉让他一战成名。

正如大家所说,每一个成功男人的背后,都有一个默默为他付出的女人。赵阳的爱人郭明就是这样一个教材般的角色。郭明,粉丝们都叫她Yomi,自从大羊螺蛳粉开业以来,Yomi居然建立了十个大羊螺蛳粉的粉丝群，足足五千人的私域流量。一个几十平方米的小店，有五千个活跃粉丝，天天有人在群里问：板娘，现在排队吗？这店能不火吗？所以现在大羊螺蛳粉没有哪天是不排队的。有网友赠诗画给赵阳和郭明两口子曰：

阳光明媚好花开，
门口常常把队排。
最爱大羊螺蛳粉，
男男女女莫名来。

这两口子的成功之处不仅是把螺蛳粉做得风生水起，还在2022年生了个大胖宝宝，意兴盎然地给宝宝取名——小罗斯（小螺蛳）。

在小罗斯出生的第二天，Yomi在朋友圈写道：

"6月21日其实是一个双喜临门的好日子，除了小罗斯的到来，还有作为餐饮人都想拿到的必吃榜殊荣，这是很多餐饮人奋斗的目标，我们用了两年的时间拿下。两年中，鬼知道我们经历了什么。可我们近乎变态的经营方式确实也让大羊螺蛳粉这个品牌长久地硬气了下来。是的,我用的是'硬气',而不是'存活'!我们并不在意'首家',更不在意'模仿',我们只做自己,在这个流量为王的时代,大羊螺蛳粉从未失宠过。不管是曾经四千八百万的热度,还是持续在热门榜上,还是热搜上,大羊螺蛳粉的关注度已经成为关键词。对我们来说,'大羊'的时代才真正开始。"

我由衷地感慨,他们在螺蛳粉行业获得的所有成就都是实至名归的。做什么都想着螺蛳粉,就连给小孩取名都想着。上天总是偏爱那些有准备的又默默努力的人,不是吗?

因为时间的原因,我们在大连只待了两个晚上就赶回湖南老家了。伯父说要等我们到了才杀过年猪。整个年关,杀猪是最有仪式感的环节。而大连的航班只能飞到长沙。从长沙转车去乡下还要好几个小时。年底车多人多,肯定到处都是堵车的,所以我们还是得预留一点时间,赶早出发。

到长沙的时候,不管怎么样都是要喝一杯"茶颜悦色"的。作为长沙小众品牌起家的奶茶,如今已经成为长沙的一张城市名片。从口味上来说,确实也颇得我的青睐。至于孩子们,他们看到这么多人排队买一杯奶茶,不管好不好喝,就是想喝。人天生就有从众的心理。

我们回到伯父家的时候已经是晚上九点多。农村没有什么娱乐项目,人们大都睡得早。还没到十点钟整个村子里已经是黑压压的一片,也没有路灯。只有伯父伯母堂姐堂弟在烤火等我们。

回到家第一件事就是吃饭,不管你饿不饿,也不管你是什么时候到,都是要吃饭的。吃完饭才代表你已经回到家了,这是仪式感。我以前离开家在外读书或者工作,每次一回去,我妈必定要停下手里的事情,立马做饭给我吃。

回到伯父家也一样,只见大伙儿手忙脚乱,很快上齐了一桌热腾腾的菜。伯父温了一壶自己酿的米酒,小孩子一边啃着鸡腿,一边喊"辣",那种老家特有的温暖一下子就弥漫开来。

有酒有菜,还有小孩的闹腾,这才是家的感觉。

我和堂弟的年纪相差不到两个月，并且从小学到初中都是同班同学，所以我们不习惯以哥弟相称，一直以来都是唤对方的名字，我叫他中凡，他叫我中才。

我读大学的那几年，中凡去了部队。他打得一手好篮球。退伍后做了几年小额贷款，刚开始风生水起，家里奔驰宝马就有好几辆，但这几年很多债收不回来，日子也不怎么好过。

不管怎样，那种湖南男人的骄傲在中凡的脸上是无处不在的。日子再艰难，霸蛮的湖南人都不会把委屈写在脸上。该抽好烟抽好烟，该喝好酒喝好酒。吃饱喝足，明天继续努力工作。

那晚我回到家的时候，中凡其实已经喝醉了。大舅家那天杀过年猪，他在那边喝了很多酒。如果不是知道我今晚到，他早就呼呼大睡去了。我们俩虽然现在都是在广西生活，但因为不在同一个城市，我在南宁，他在西林，所以见面的时间也不多。

因为赶了一天的路，大家都比较累，再加上明早还要赶早起来杀猪，吃罢晚饭大家就休息了。我是睡到半夜被冻醒的。特意打开手机看了一下温度，零下一度。温度不算低啊，我就纳闷了。这个冬天我经历了北京的零下十度，经历了大连的零下二十度，却被老家的零下一度冻醒了。伯父家没有空调和暖气，房间大而空荡，有些玻璃窗缝隙还漏风。农村的冬天湿气又大，零下一度感觉比城里同样的温度冷太多了。我赶紧打开手机的手电筒，走到隔壁房间看闹闹和孩子们，还好，还好，他们抱在一起睡得很香。我赶紧回房间把袜子穿上，把毛衣穿上，继续捂着被子睡觉……

伯父的家很大。因为今年回家过年的人很多，伯父帮我们准备了十二个床铺。在农村，因为有宅基地，大家都喜欢建大大的房子。仿佛房子越大越有安全感。层高最起码也要建三层，建得高看得远。然后在房子的周围还要圈点地方种菜、养猪、养鸡鸭鹅等等。

第二天我弟一家人，我幺妹和她的未婚夫带着我老妈，他们开两辆车从南宁也赶了回来。带了满满的一车螺蛳粉回来分给父老乡亲。时间节点上正好赶上家里的杀猪宴。我们这一大家子，就差马大姐还在北京守着螺蛳粉店,其他的都已经到齐了。这一趟老老少少回来了二十四口人。虽然还没有开始放鞭炮,但热热闹闹的气氛让年味渐渐浓郁起来……

孩子们第一次回来看到什么都是兴奋的,尤其是看到活的小动物,鸡鸭鹅,小山羊,小土狗,通通都要追着跑一段。我带着他们来到老家门前的那条小河边,告诉他们我读小学二三年级的时候,也就是像他们现在这么大的时候,就经常拿着簸箕到河里抓鱼,抓田螺。我印象中这条河是很大的,但现在看起来感觉很小,就像条小沟。看来小时候的很多记忆还是会有偏差。那时候没有见过大江大河,觉得一条小溪就是大河了。

如今我家的宅基地变成了一块菜地。我伯父说几十年没人住,房子倒塌了,后来他和伯母一起清理了那些残砖碎瓦,索性就在那里围了个菜园子,种起了萝卜青菜、葱姜大蒜。

"老家到底还是变成一个传说啦……"闹闹朝我做鬼脸,证实她的先见之明。

我伯父和伯母都是勤劳得闲不下来的人。他们种的蔬菜和养的家禽就算我们二十几口人回来过年吃上两三个月都吃不完。印象中我爷爷也是那种闲不住的慈祥的老人，平日里除了下地干活，在家休息的时候还会编草鞋。爷爷的草鞋编得相当好，在村里是出了名的。我记得小时候只有草鞋和解放鞋两种鞋，解放鞋成本高，又容易破，人们舍不得穿出去干活。而爷爷编的草鞋结实耐磨，适合登山。我小时候还穿过呢，特别舒服。

"是和我的打勾鞋一样舒服吗？"我的小女儿抬了抬她的脚，好奇地问我。我小女儿不知道鞋子的品牌，就根据鞋子上面的图案来给她的鞋子命名。有个勾的叫打勾鞋，有只狗的叫小狗鞋。

"当然啦，比打勾鞋还舒服呢，踩上去软软的，尤其是夏天，还是透风的，凉凉的呢。"我得意扬扬地，说得孩子们对他们的太爷爷充满了膜拜之情，"要是太爷爷还在世就好了。"

"我爷爷，也就是你们的太爷爷生于1913年，如果他老人家还健在，今年就有一百一十岁啦。"

"那他一定有很多的白胡子。"

"还有很多的草鞋和玩具。"

我点点头:"是的。他从小勤劳善良,一辈子待在这里,和土地、牲畜、庄稼打交道,靠双手勤劳致富。后来才有了你爷爷,你爸爸,然后才有了你们的出生。勤劳致富是我们老祖宗传承下来的优良传统,从我的爷爷,再到你们的爷爷,再到我们这一代人,都是能吃苦耐劳的。你们呀,就像你太爷爷身上开出的蒲公英,一直飘到了广西,所以你们一定要保持祖辈的勤劳和勇敢,好不好?"

我趁机给孩子们上了一课,听得孩子们频频点头。

"爸爸现在做螺蛳粉也挺辛苦的呢,每天起早贪黑,在工厂里忙,有时还要出差去很远的城市开螺蛳粉店,所以很多时候连家里都照顾不上了。你们以后也要慢慢学着自己照顾自己,不能让爸爸总为你们操心,好不好?"闹闹在旁边趁热打铁。

听得孩子们再次频频点头。

看完我家的宅基地,我带着闹闹和孩子们走了一遍我小时候每天上学必走的那条路。那是河边的一条田埂。可以说三十年没什么变化，记忆中家乡都是成片成片的稻田和油菜花，现在除了房子多一些，油菜花和稻田少一些，其他没什么特别明显的变化。其实只要回到老家，不管变化有多大，亲切感总要强于陌生感的。我一看到这些稻田，就想起了以前去田间抓黄鳝和泥鳅的时光。要不是天气太冷，我真想跳到田里去给我儿子现场表演一下。

"请问这田里现在还有黄鳝和泥鳅吗？"闹闹打趣地问我。

我煞有介事地围着田埂走了两圈："一个洞都没有呢，可能是我小时候用力过猛，给它们抓光光啦。"

孩儿们齐刷刷向我投来崇拜的眼光。我若无其事地继续往前走，闹闹在旁边一个劲地翻白眼："你爸爸的手就像一把大钳子，以后谁不听话就夹谁哦。"

我的小学三十年也没什么变化，村里的教育还是非常落后，主要是没有生源。我们前些年给学校捐了十万元的教育基金，光荣榜在校门口的围墙上非常醒目，孩子们因为看到了我的名字变得异常兴奋，更加笃定了爸爸很久很久以前是在这里生活的，所以那个把黄鳝抓光光的爸爸应该不是虚构的。

村支书告诉我们，现在我们村整个学校都不到六个班，每个年级都不到一个班。村里的年轻人出去工作了，自然就把小孩也带到外地去读书了，村里只有为数不多的留守儿童，自然就撑不起一个学校了。听村支书说，我们村的小学很可能要停办了，以后这些小孩都要去乡里的中心学校读书。

农村这些年的生态环境变得越来越好，但农村的常住人口却越来越少。放眼望去，村里到处都是青山绿水、蓝天白云，一片一片茂密的森林连绵起伏，据说常常有野猪出没。

记得小时候我们都是烧柴火煮饭吃，没有煤球，没有电器，那时候电给我们带来的唯一用途就是照明。家家户户怕自己家的柴火不够烧，大伙儿一有时间就去山上砍树枝往家里堆，整个村里弥漫着能源危机的意识。而现在的小孩都是吃电饭锅的饭长大的，再也体会不到柴火煮饭的感觉了。我家的电饭锅有个柴火饭的功能，我儿子问我，柴火饭是啥意思，我想想了，可能是火力比较猛，煮的饭会比较香，会产生锅巴。现如今农村大部分家庭也已经不用柴火煮饭了，大家都用电饭锅了，毕竟煮一锅饭只用动动手指把开关一按就能解决的事情，还有谁愿意坐在灶边烧上一个小时的柴火呢？

但家家户户基本上都还保持着用柴火炒菜的习惯，我分析了一下，可能主要是因为炒菜不像煮饭那么枯燥，煮饭是一个纯粹的加热过程，而炒菜则是一门技术，跟很多的因素有关，比如锅的大小与温度、调料的选择与火候的掌控等等。用柴火炒菜相对于电磁炉来说，最起码火候的旺盛程度电磁炉是无法比拟的，还有就是柴火灶上的那一口大铁锅，是任何电磁炉都放不下去的。这种大铁锅的保温性能好，在旺盛的柴火加热的过程中，受热快，温度高，并且锅的温度均匀而稳定，锅中的食材有足够大的搅拌空间，能迅速在同一时间成熟，最起码不会一部分焦了另一部分还生着。这样做出来的菜在由生变熟的过程中是同步的，自然味道好些。并且一家人在一起，或者来了客人，可以一边烧火炒菜，一边唠唠家常。那种农家特有的温暖的烟火气息，那种炊烟袅袅的感觉，也是我的家乡情怀。

吃罢饭在村子里逛了逛，遇到了一些老同学。今年回家过年的小学同学不到十人。我们一起小聚了一下，大部分一报名字还是能记起来的，虽然隔了三十年。印象中谁谁谁怎么样，谁谁谁又怎么样，大家对我的印象都说我是学霸。甚至有人早早起床第一件事就是来我家抄作业，趁着我在家吃早餐这段时间抄完所有的作业，然后和我一起去学校。

我们怀念着那些没有回家过年的同学，一个一个地打听着曾经要好的同学，据说有同学嫁去了日本当了异国他乡的家庭主妇，有同学去了广东当了富甲一方的老板，也有同学当老板破了产到处躲债，有的同学留在了长沙，还有的同学在扛水泥卖苦力养家糊口，但大家都才三四十岁，都还有希望，不是吗？

但也有同学已经不在人世。

我不禁也要问自己：你现在过得很好，但如果你突感恶疾，不久于人世，你会有遗憾吗？十几二十岁的写作初心，荒废了吗？如果有，现在就开始写，应该还来得及。

第二章/中国式的吉卜赛人

这么说并不代表我喜欢流浪,所谓的流浪只是迫不得已,只是无奈和苦难的自我慰藉。

我还记得你们第一家小店，在我家隔壁，腿儿着就能去吃，店面太小，连卫生间都没有，店员带我们去公厕，代付这五角钱。谁也不缺五角钱，这是情谊。我们常坐在店里吃，熬螺蛳汤的臭和酸笋的臭交叠，却那么开心。恭喜恢复营业。

这是2020年5月10日，螺蛳粉先生在停业了四个多月后复工的第一天，咆哮女郎柏邦妮在新浪微博上如是说。

受新冠病毒疫情的影响，全国大部分餐饮店开一阵又关一阵，关一阵又开一阵，有的要求隔着座位用餐，有的再也没有开门营业。螺蛳粉先生北京的几家门店也不例外，比如说螺蛳粉先生北沙滩店，疫情还没结束，门店却先消失。

坚持得最久的是我们的第一家店——螺蛳粉先生蓟门桥店，从2010年开业至今，已经十三年了。中国的餐饮小店，就算没有疫情的影响，更新迭代也挺快的，十年老店并不多见。我自己都无法想象，十几年前的我还是作家的身份，享受着新概念一等奖带来的光环。这一转眼，变成了一个正儿八经的餐饮工作人员，一个不折不扣的螺蛳粉推广者。

这些年也有不少媒体对我做过采访和报道，比如说"文艺青年卖米粉"，"硕士研究生毕业开苍蝇小馆子"，大部分都是捕捉这些对比性比较强的"卖点"。其实我自己是很想把这段经历写一写的。当然，我并不是要在这儿高谈阔论呼唤大家，来呀，跟我一起卖螺蛳粉呀。正好相反，诸位要是了解了其中的辛酸和各种各样的不确定性，本来想投资开个螺蛳粉店赚点外快的可能性都会被我打消。但我的经历其实并没有什么普遍性，它只是我自己的成长轨迹，虽然没有什么共性，但有一些感想应该是相通的，可以借鉴的。

我的好朋友水格（就是那个他家在北京养了一只猫的朋友），几年前就约我写一本关于卖螺蛳粉的创业的书。我答应得好好的，他每催我一次，我就写个开头，但都无一例外地搁浅了。一是属于我自己的时间确实越来越少，二是我总感觉在写自传。我心里想着，我还没有老到可以写自传的年纪呀，我写出来的文字会不会有一股老年味？"老年味"是我在我的同学鲁敏的书里看到的一个词，说两个年轻时相互有好感的人因为种种原因没能在一起，多年不见，再次见面感觉到对方身上有一种说不上来的味道，她给这种味道定义为老年味……我当时心里打了个寒战，生怕自己染上这种味道。有一次我亲了我女儿的脸蛋一口，我女儿突然捂着自己的脸蛋叫道："爸爸，你怎么变成老爷爷啦？"我吓坏了，赶紧看了一眼镜子，还好，我只是几天没刮胡子而已。

后来的几年，螺蛳粉越来越火，水格老师催得越来越紧。我说："现在做螺蛳粉做得比我好的太多啦，我也没有必要写啦。"

"但你是在卖螺蛳粉里最会写作的人，在作家当中最会卖螺蛳粉的人啊！"水格老师这样一说，我更加不想写了……

后来,他等我的书等了几年,杳无音信,对我失望透顶。现在对我说得最多的一句话是:有些习惯丢了可能一辈子都捡不回来了,想重新捡起笔来写作是件很困难的事。

我给钢笔抽满了墨水,习惯性地转起笔来。居然一点都不陌生。想起高中的时候,有事没事喜欢转笔,一旦陷入沉思就坐在那不停地转啊转,一不小心把笔转出好几米,还被老师罚过站。

老师越不准我转,我潜意识里就越想去转。这跟叛逆期没有关系,跟人性的关系比较大。就比如说我小女儿,今年才三岁,我们一看到她手里拿着脏的东西就开始着急,并马上就会提醒她不能吃,结果她反而趁我们不注意就往嘴里放。而平日里我们喂东西给她吃,她硬是不吃。我心里想,三岁不可能是叛逆期吧?

我们的本能告诉我们,不想做别人给我们安排的事。这应该是人性。我们提醒她不能吃,她就想,吃一下到底会怎样呢?这是人天生的好奇感。减肥也是一样,大家都说,你该减肥了,我心里想,你叫我减我就减啊？

所以这几年水格不催我写了，我倒是想写了。我心里却对水格说：大部分习惯一旦养成了还是很难改变的。既然转笔的习惯能捡起来，那写字的习惯应该也可以。再比如说游泳，我小时候就会了，现在不管我的体重有多重，掉到水里总能游起来啊。

我想，我作为一个螺蛳粉店的小老板，就开店这点小事来写一些我个人的历程和感想，倒也挺贴近生活的，不是吗？可一旦动起笔来却又觉得生疏。不知该如何下手。回想我这十几年的生活，写作是彻底地停止了，甚至阅读都快没了。煞有介事地去母校的图书馆办了张卡，十年了就用过一两次。好久不读书，对文字的感觉有些生疏了，写作的时候会感觉到词穷。所以我心里还是不得不承认，水格老师说得还是挺在理的。

原本我还在想，一边开着小店，没事的时候一边在店里读读书呢。后来才发现是我想多了，店里没人的时候，哪里还有心情看书啊，只想着怎么样才能让生意好一点，客人多一点。好在我的店并没有那么枯燥。大部分时间店里都是有人的。作为螺蛳粉店，可以是正餐，也可以是加餐，饿了可以早点来吃，加班了可以晚点来吃，甚至嘴馋了可以随时来吃。很多时候和顾客的互动会让我开心一整天。你明天可能会结交一个非常有魅力的新朋友，后天可能会碰上一个好久不见的老朋友。总之，回想起来，还是有那么点意思的。

我知道，我们身边的人因为琐碎而放弃梦想的比比皆是。身为三个孩子的父亲，我现在对于读书和写作，已经感觉到越来越陌生。前几天我的快递到了，闹闹帮我打开一看，惊讶了："这套书你已经买过一次了，放在书柜里连塑封都还没打开呢！"

"哎呀，"我看着越来越满的书柜有点不好意思了，"等我有时间了，我像葛优一样，躺在沙发上，我每本书读它两遍，甚至三遍！"

闹闹白了我一眼，潜台词是：我信你个鬼，你个糟老头子。

但我其实挺喜欢家里书多多的感觉，最起码一眼看过去让我踏实、安心。就像一个饥饿的人看着满仓的粮食。

我们全家是1992年从湖南迁到广西的。那年我十二岁，我幺妹还不到一岁。爸爸带着我们一家六口以"超生游击队"的身份来到广西西林县一个叫古障镇的小乡村，租了一片地，烧青砖青瓦卖给当地的居民盖房子。

我很难形容自己的家乡，我出生于湖南成长于广西。但不管在湖南还是在广西，都是在乡下，并且这两个地方大同小异，都有成片成片的稻田和油菜花，都可以去田间抓黄鳝和泥鳅，都可以吃到妈妈炒的田螺。

我至今仍爱吃我妈妈炒的田螺，但我父亲去世以后，我们兄妹陆续成家，我妈妈就很少认认真真地做饭了。她现在每天保留的习惯只有打麻将这一件事。我们兄弟姐妹四个，最小的妹妹今年也结婚了。我觉得我们家是典型的中国式的吉卜赛人，从我爷爷那一代一直到我们这一代，去到哪里都可以随遇而安，都可以满怀热情地去生活，天生具有流浪的特性。

这么说并不代表我喜欢流浪，所谓的流浪只是迫不得已，只是无奈和苦难的自我慰藉。我记得今年从老家过年回到南宁，我跟我妈说，妈，我帮你买一套房子吧，写上你的名字，你一个人住，一个房间用来做卧室，一个房间里面放麻将桌，你爱叫谁来打麻将就叫谁来打麻将，你爱叫谁来吃饭就叫谁来吃饭。没想到我妈立马两眼放起了光芒，猛地帮我夹起菜来。

我知道，我的妈妈是因为搬家次数太多了。直到现在都没有一个真正属于她自己的家。以前在湖南老家的时候，因为爷爷用火不当，导致房子被火烧了，后来盖了新的房子没住几年又因为超生跑到了广西。在广西开了砖厂就一直住在临时搭建的棚子里，再后来生活好了，买了一块宅基地，在镇上盖了一栋四层的楼房，却没时间回去住，租给别人做旅馆了。再后来爸爸去世了，我妈又跟着我们去北京开螺蛳粉店，等我们从北京回到南宁安家了，她又跟着我们回来。刚开始是住在我家，可等我生了三个小孩，家里住不下了，我妈又去弟弟家住，弟弟家因为小舅子来南宁工作，又住不下了，她又去我幺妹家住。这一路走来，她的行李总是寥寥无几，简简单单的几个布袋，我开车帮她搬行李时都不用跑第二趟的，布袋里的衣服从青年变成中年，从中年变成老年。头发从乌黑变成了银丝。前几年还染发，现在连头发也不染了。唯一不变的是她脸上的笑容。不管要去哪里，她都是面带笑容。但我知道她的心里苦啊。我妈妈快七十岁了，我感觉她一直在搬家，像吉卜赛人一样的状态。

我知道，她和我一样讨厌搬家，她一直在渴望，像所有中国人一样在渴望，有一个真正属于她自己的家，一个永远不用搬家的家。就像我当时从北京回到南宁定居时候的心情，我想我再也不要动了，就算死也要死在这里了。把所有喜欢的书，爱喝的酒，只要不会过期的，就一股脑地往家里买。

所以我理解我的妈妈，我们都不要过吉卜赛人的生活，我一定要给她那种实实在在的有家的感觉。

南宁是一个让我感觉很踏实的城市，生活在这里很接地气，也许是因为我在这里读大学的缘故。这里的报纸发表了我的第一篇文章，也是在这里吃到了第一碗螺蛳粉。来到广西大学读书之后，渐渐发现，不管是学校食堂，还是学校周围的美食街，林林总总地分布很多的螺蛳粉小店。它就是这样在我毫无意识的情况下进入了我的生活，我已经完完全全忘记我第一次吃螺蛳粉的感觉。那是2001年的事了，算起来已经过了二十二年。真没想到会从事螺蛳粉的职业，如果早早想到我会以此为生的话，我一定非常隆重地，满怀仪式感地，小心翼翼地，充满感情地去品味我的第一碗螺蛳粉。那样的话，我到现在都应该还会记得吧？

其实我现在真正印象深刻的还是小时候吃我妈炒的田螺。那时候我还不到十岁，我们湖南老家门前那条小河，我记忆中是有田螺的，有时候，我放学回来的路上会去河里捡些田螺回去让妈妈炒来当晚饭的下饭菜。像我们这种从小生活在农村的小孩，对田螺是一点都不陌生的。而田螺，或者说后来的螺蛳粉却一步一步地改变和影响了我的生活，却是我一点都不曾想到的。人们常说，生活比小说更加离奇。没有人会想到我会去卖螺蛳粉，并以此养家糊口。直到我在北京开了第一家小店，我都还没有确定这是我以后的职业。也许是因为父母从小带我背井离乡，使得我的成长不像别的孩子那么中规中矩。我永远都不知道，接下来的生活会是什么样子。

我爸是个文盲。他小学没毕业就赶上了"文化大革命"，五年级以后就没读书了。二十世纪九十年代初期，我们刚到广西那个小乡村的时候，那里很少有砖瓦房，大部分是土墙房子和木头房子，后来这个地方被规划为镇，起码有一半的砖瓦是我爸和他的徒弟们一起做的。我一直觉得我爸是个艺术家。他知道一整套烧砖烧瓦的技术，目测什么样的泥巴可以烧出好砖好瓦。他熟悉装窑的技巧，煤的用量，以及对火候的控制了如指掌。我常常感慨，老爸如果能多读一些书的话，还会成为一个了不起的企业家。他小学没毕业就能带领着我们一家六口脱贫致富，还供三个孩子读大学（我家只有我弟弟一个人没读大学），真是个了不起的父亲。

我父亲2007年去世的时候，留给我们一大栋房子，还有将近二十万存款，在当时的小镇里，已经是非常富足的人家了。那是我们从湖南搬到广西的第十五个年头。

那十五年我家发生了翻天覆地的变化，而我从事螺蛳粉也快有十五年了，对我自己而言，也发生了翻天覆地的改变。

我爸还在的时候，我记得我妈常说我爸上辈子肯定是只猫，因为他喜欢吃"腥味"。我妈把鱼虾田螺等统称为"腥味"。我们小时候饮食文化不发达，甚至可以说还是物质匮乏的时代，"河鲜海鲜"这些词也没听说过，但只要听到我妈说，今晚有腥味吃了，我们就心情雀跃，因为当时的"腥味"就是"河鲜"的代名词。而我妈呢，她不爱吃腥味，但她喜欢做给家里人吃。她最拿手的一道菜叫"嘟螺"。

我希望我爸的下辈子也是只猫吧。因为我的儿子和女儿，都好喜欢小猫，而我的儿子和女儿，都没有见过我爸。冥冥之中，我觉得我的儿子和女儿，一定会非常喜欢我爸的。

我们住的砖厂里，因为很多泥巴都挖出来烧砖瓦了，所以形成了不少的洼地，这些洼地在雨季之后就变成了一个一个天然的池塘，我记得当时大大小小的池塘起码有六七个。我们在每个池塘里放养一些小鱼小虾，田螺泥鳅，水面上再撒些浮萍和水葫芦，这些池塘就有了生命，变成了一个一个鱼塘，甚至引来了很多的青蛙，晚上呱呱地叫着。当我们放养的田螺爬满塘岸，我爸就穿着水鞋去浅水区捡田螺，把捡回的田螺用旧牙刷刷掉外面的青苔，倒入井水养着，再撒些食盐，田螺吐泥巴的速度就加快了。一天换两次水，两天之后，田螺们里里外外都变得干干净净，这时候就可以去螺尖了。我爸去螺尖的方法很简单，就是拿起田螺，把螺尖往刀背上一磕，然后再往水里一甩，洗掉碎壳就可以了。待他做好了所有的准备工作，抱着一筐田螺呼唤我妈的名字，"满姣满姣，快来做嘟螺啦。"

我妈叫曾满姣，是典型的湖南女子，精通厨艺，充满热情，嗓门儿大得跟天生带个喇叭似的。我至今都觉得很奇怪，为什么不爱吃腥味的人做出来的腥味却那么好吃！她烧这道菜的时候，必须用柴火灶上的大铁锅，绝对不会用电磁炉的。首先得把灶里的柴火填满，让火旺起来，放两大勺猪油，要是有猪油渣的话，她也会撒一些。等猪油炸开后倒入八角、草果、茴香、桂皮、姜、蒜、朝天椒等配料，翻炒至香味溢出再倒入田螺。这时一定要加大火力，急火快炒几分钟，田螺和大铁锅碰撞着，发出清脆的声音，仿佛在锅中弹跳，伴随着一阵阵热腾腾的香气，我们都要迫不及待地吞口水了。正在写作业的弟弟妹妹都要放下手中的笔，过来往灶里帮忙添点柴火，然后迫不及待地把碗筷摆上桌子，搬起一张凳子坐在桌边假装看书等着吃田螺。其实这时候离吃田螺还久着呢，还要撒入酸笋、冰糖、盐、醋、酱油以及坛子里的酸笋水，最后加清水焖煮半个小时左右，待汤正好还能盖过田螺的时候起锅，最后再撒上一把紫苏、薄荷还有葱头，全家都沉浸在这股奇特的香味里，那才叫一个幸福。

不酗酒的老爸此时也会打开一瓶酒。但他一般是先喝一碗田螺汤才开始喝酒的。我们已经急不可耐地用手去抓田螺，因为田螺太烫，我们常常把田螺从左手扔到右手，再从右手扔到左手，最后再扔到嘴里吮吸着，哈着气，希望田螺快快冷下来。妈妈则在旁边笑着：慢点吃，没人跟你们抢。

至于这道菜为什么叫嗍螺，我想大概是因为吃的时候要掀开螺盖，翘起嘴唇用力吸田螺壳里的螺肉和汤汁，吸的时候往往发出"嗍嗍"的响声。我妈每次都要做上一大盆，让我们吃得满桌子都是田螺壳。

那时候我们生活在广西西林县一个叫古障镇的小村庄里，还不知世界上有螺蛳粉这个东西的存在。多年以后，我去到广西大学读书，在南宁才开始接触到螺蛳粉。后来还认识了一个叫田湘的诗人，他写了一首叫《嗍螺蛳》的诗，我很喜欢：

嗍螺蛳

田湘

美味总是让人垂涎

年轻时，我带上你

在路边摊嗍螺蛳

我告诉你嗍螺蛳的诀窍

最爽口的，就是掀开螺盖

嗍螺肉上的那点汁

你照我的方法嗍了起来

多么鲜美啊，你一口一口地嗍

唇与舌忘情地游动

坚硬的壳里竟如此柔软

你一口一口地嗍

那种幸福感，那种满足感

我看见你的样子多么美

从此，每晚你都让我带你去嗍螺蛳

我也总是乐此不疲

但我从未告诉你

这就是我的初恋

  田湘老师偶尔会在我们一起吃饭的时候，尤其是喝了点小酒的时候突来雅兴，为大家朗读这首诗，我想我应该是听得最入迷的那一个了。我的初恋也在南宁，当时她的学校还叫广西财政高等专科学校。我的学校和她的学校隔着一条"秀灵西一里路",我们常常约在那里吃螺蛳粉,嘬螺蛳。后来,她的学校改名为广西财经学院,再后来,她再也没有出现在我的生活中了……

南宁是一个米粉种类繁多的城市,老友粉、桂林米粉、螺蛳粉、生榨粉、生料粉、卷筒粉、羊肉粉、烧鸭粉、牛肉粉、猪脚粉……应有尽有。因为南宁是广西的首府城市,四面八方的人来南宁定居就把当地的特色美食带过来了。而我却钟爱螺蛳粉,也许是妈妈说的那样,我们都像爸爸,像猫一样喜欢吃"腥味"吧,而螺蛳粉的汤正是我们所熟悉的妈妈做的嘬螺的汤,螺蛳粉成了我记忆中小时候对美食的一种延续。正如陈晓卿老师所说:幼年时母亲烹调带来的某种味觉习惯一旦形成,便如花岗岩一般顽固,无论你走到哪里,也无法改变。所以我对螺蛳粉从未感到陌生。

螺蛳粉就这样冥冥之中进入了我的生活。遗憾的是2010年我做螺蛳粉的时候,我的父亲已经去世了。如果父亲还在,我想他一定会喜欢我的职业,一定会喜欢我做的螺蛳粉。说不定,我的父亲,还能坐在我的小店里，和我小酌两杯呢。虽然如此，我想，他嘴上一定还是会数落我的：中才呀，你就是不听话，好好的重点大学的研究生做什么螺蛳粉嘛。说着肯定又咕噜咕噜喝下一碗螺蛳汤……

父亲一直以来对我的要求是做一名公务员。但我父亲去世之前，我已经获得新概念一等奖了。对于一个文盲老爸来说，培养了一个作家儿子，恐怕这是他一辈子最自豪的事了，虽然他连我的一本书也看不完。老爸从小就非常宠我，不管他们多忙多累，从不让我帮着干烧砖瓦之类的重活，他给我的任务就是在学习之余，照顾好砖厂用来踩泥巴的两头水牛。

二十世纪九十年代初期，我爸刚开砖厂那会儿，都是纯手工的年代，还没有打砖机，厂里养了两头水牛专门用来踩泥巴。打砖是个很复杂的活儿，首先要用锄头把地里的土挖松，接着淋上水，把土浸湿使之变成湿泥巴，然后让水牛来踩泥巴，在泥巴上不停地踩啊踩。直到泥巴变成那种柔软而不沾手的泥巴团团，可以根据自己的需要捏成任何形状，就相当于用来做包子的面粉团团或者用来捏小泥人的蜡泥团团一样，直到泥巴有韧性了才能把它们"嘭"一声砸进砖匣子里，然后把溢出来那部分泥巴用铁丝做成的弓来刮平，最后把砖匣子取下来，一块方方正正的砖就成形了，好像用刀子削出来的一样，棱角分明。

打好的砖块要晒干以后才能放进砖窑里去烧。我爸当时烧的是青砖，烧好的砖变得像青石板一样硬，整整齐齐地堆在一起，煞是好看，也非常耐用，甚至把石头跟它对着碰，石头都要先碎掉。所以我非常佩服我爸，觉得他真的是个艺术家，导致我现在对那些使用青砖作为复古元素装饰的餐厅都充满了好感。

我们的砖厂在没有买水牛之前，是爸爸和工人用自己的脚踩泥巴。我现在都还记得爸爸的脚后跟因为踩泥巴而裂了很多的口子，晚上妈妈经常帮他涂药膏的情景。那时候心里想着，要是爸爸能不踩泥巴就好了。果然过了不久，爸爸就买了两头水牛，然后水牛就代替了爸爸踩泥巴的工作。所以我们全家都很喜欢那两头水牛，我打心里非常感谢它们，常常割草来喂养它们。

我当时放学回来最喜欢做的事情就是去放牛，放牛应该是我初中时代最美好的时光，我比同龄人多读了很多书基本上是在这段放牛时光带给我的收获。那时候砖厂旁边有一片很大的松树林，我给牛的脖子上装好铃铛，带着一部从图书馆借回来的文学作品，一段一段"美好的阅读时光"伴随水牛脖子上的丁零丁零的响声就在松树林里开始了，经常到天快黑了才想起回家吃饭。

暑假我和牛在一起的时间就更久了。尤其是秋收之后，我们可以不用去松树林了，水牛更喜欢在就近的稻田里活动，这是水牛与黄牛的区别，水牛可以肆无忌惮地在水田里打滚，让身上沾满厚厚的泥层。这时候蚊子的嘴即便再长也钻不进水牛的皮肤，于是那条一年四季不停晃动的尾巴终于可以停下摇摆的节奏，顺其自然地垂挂在屁股后面。加之秋季里的牛都比较肥，屁股圆而大，配上这根厚重的尾巴，仿佛让整个世界都享受在这慵懒里。此时此刻的牛们很任性，那些刚刚脱过谷粒的老稻草，它们是不屑于去吃的，既然尾巴得以休息，牙齿也不愿意去啃那些枯黄的老稻草，要去寻觅田埂侧边那些躲在稻草下面，偷偷生长了一个季节的，不被阳光直射的，青翠欲滴的杂草。这些杂草叶子碧绿，秆茎白嫩，甚至连根部都是水灵灵的，草叶上布满的绒毛在阳光下显得特别柔软。牛们一口咬下去，唇齿之间芳香四溢……看着我那两头心爱的水牛大快朵颐，把肚子吃得圆圆鼓鼓的，我那个心情啊，就像自己吃了"腥味"一样地满足。

后来我就想，为什么我妈妈自己不吃喇螺，但她看着我们吃的时候也会满脸幸福呢？就像我不吃草，但我看着牛们吃草的时候能感受到草的美味。

那时候，因为放牛使我爱极了农村那种秋季的美。水牛能吃饱饱的不说，到处充满着丰收的喜悦。小镇的男女青年，虽然个个晒得乌黑，但无不眉开眼笑，再累也不影响他们打情骂俏，虽然大部分人都是说着我听不懂的壮语，但这种朴实的快乐，是语言阻挡不了的。只是有时候他们笑得太过大声，会惊动到田里的麻鸭。

秋收之后的水田里点缀着很多褐色羽毛的麻鸭。麻鸭是广西西林的特产。农户春天繁育的麻鸭秋后已经成熟，等到收完稻谷，鸭子们在田间大展身手，把农民伯伯漏在田间的稻穗全部揽为己有。也正是这个秋季，我跟田间的鸭子、水牛一样，也有了自己施展才华的舞台。用我妈妈的话来说，我从小是个"捉腥"能手。在村民收割完水稻之后，我会去稻田里捕捉藏在泥巴里面的黄鳝和泥鳅，还有田螺。说实话，在稻田里长大的它们，比在我们砖厂的鱼塘里长大的更加肥美！最容易到手的当然是田螺了，它们总是背着重重的壳，只要捡起来放到桶里，拿回去静养两天就可以变成大餐了。

捡田螺是我弟弟妹妹的最爱。我的强项是抓那些狡猾的黄鳝和泥鳅。它们躲在泥巴下面，我会用食指顺着它们的洞口一直往里钻，只要一碰到它们，我的食指和中指就像一把夹子，能准确无误地夹到它们头部以下靠近鳃的某个部位，我姑且叫它为黄鳝的脖子，然后再轻而易举地把它们从泥巴里拉出来。所以一到秋天，家里总是有吃不完的黄鳝、泥鳅和田螺。

那时候家里没有冰箱，妈妈总是用猪油把黄鳝和泥鳅煎得金黄金黄的，然后放在柴火灶上的竹篮里烘烤，烤干了还要放在太阳底下去晒。每年秋天刚好腊肉吃完了，它们就取代了腊肉的地位，变成了我们家下半年的美食，直到第二年春天，新的腊肉挂上灶台。而那些从稻田里捡回去的田螺，则被我们放养在家门口的鱼塘里，它们繁殖的速度很快，使得鱼塘边的草根上、木枝上，爬得满满的。所以一年四季都有吃不完的田螺……

这是我童年和少年时代最深刻的记忆，后来就到县城读高中，到省城读大学，爸爸去世以后，我们的砖厂也停办了。我读完研究生以后鬼使神差地到京城开起了螺蛳粉店，然后又回到南宁结婚……我真的觉得自己像一颗带着降落伞的小小的蒲公英的种子，随时起飞，又随时降落。这期间我写过小说，炒过股票，做过编辑，还开过文化公司。但我不是那种作品特别畅销的作家，充其量是个文艺青年，因为写作而认识我的人并不多。青春文学盛行的那几年，好不容易写了几本小说赚了点钱，却被我拿去炒股票了。我清楚地记得2008年我研究生毕业的时候亏得连生活费都没有了。好在同年我第一本书的出版人蔡贤斌老师把我招到了他的公司做编辑，并坚信我能写出更好的作品，所以一直没有给我分配什么实际性的工作任务，每个月还给我发着可观的工资，叫我有时间就多写作，把我当作门客一样供养着。但我当时的心态相当浮躁，自己都看不惯自己写的东西，提起笔来又放下去。一年之后和一位作家朋友去北京注册了一家文化传播公司，并拿到了企业家朋友赞助的三十万元投资。

遗憾的是，我们北京的文化传播公司只坚持了一年就交不起房租了……

直到2010年夏天，我放下所有的顾忌，义无反顾地在北京开了一家微不足道的卖螺蛳粉的小店，并取名叫螺蛳粉先生，我的生活才渐渐步入了正轨。

第三章/写稿子，擦桌子

我现在要做的就是跟你一起放下姿态，破釜沉舟，不顾一切地去经营一个小馆子。你放心，我可以在办公室里写稿子，也可以在小馆子里擦桌子。

刚开店的时候，我自己囊中羞涩，我首先想到的是我妹（也就是后来成为螺蛳粉先生掌勺第一人的马大姐），她大学毕业后在上市公司惠州TCL工作，有点小积蓄，我跟她说了我的想法，她兴奋极了，因为她也非常爱吃螺蛳粉，她愿意辞掉舒舒服服的工作，带上所有的积蓄，顺便带上她老公一起过来帮我。并且，她还主动请求先去柳州知名的螺蛳粉店打工学习，拜师学艺。因为我妹从小深得我妈妈的厨艺基础，做菜非常好吃，再加上她对螺蛳粉的偏爱，在柳州学习实践了三个月，尤其是去那些巷子深处的老店，跟从业多年的阿姨虚心请教传统的螺蛳粉制作手艺，终于在2010年6月底回到北京。当天她就迫不及待地开始倒腾从柳州带回来的各种原料，一个人不紧不慢地洗田螺、切酸笋、炸腐竹、泡米粉、炒香料、熬螺汤……整整忙了一个晚上。第二天一大早，马大姐敲开我们所有人的房门："吃螺蛳粉啦吃螺蛳粉啦。"我一个翻身爬起来，首先闻到的是整个家里弥漫着一股浓浓的螺蛳粉的味道，我光着脚丫冲到餐厅，端详着马大姐职业生涯中的第一碗螺蛳粉，然后没有来得及刷牙，就喝了一口螺蛳汤……

当时我们的文化公司还没有完全解散，我召集大家来品尝螺蛳粉，所有吃到马大姐做的螺蛳粉的人都赞不绝口，使得我们信心大增。我的女朋友闹闹也义不容辞地加入了这个创业的队伍，连我一起四个人，七拼八凑加起来差不多十万块钱，其中包括好朋友水格借给我的两万，还有云南的一个作家朋友小芬也借给我两万。

在此之前，我与小芬仅有一面之缘，那时候在南宁读大学，某个笔会上认识了她。她仅仅因为喜欢我的文字而对我产生某种深度的信任，她曾经在QQ（当时还没微信）里对我说，能写出这种文字的人，做什么我都会支持的！于是我问她借了两万块钱开螺蛳粉店。这件事让我直到现在还羞愧难当！她喜欢我的文字，我却问她借钱去做背道而驰的事。就凭这一点，十几年不写作我都对不起她！而现在，她已经成为某个大学的教授。我第二次见她还是在南宁，她受邀来参加某个作家的研讨会，她告诉我，她经常在网上买我的螺蛳粉。真好吃呀！她说，然后对我笑，用那种不管我做什么，都会一如既往地支持我的神态。我赶紧移开视线，生怕自己的眼泪夺眶而出。

所以我还是感谢文字吧，文字使我结识了那么多支持我的人。包括我现在的爱人，也就是我当时的女朋友闹闹。

要开一个小餐馆，有两个途径：一是租个毛坯房，从零开始设计，装修……；二是转租别人的餐馆然后再根据自己的实际操作稍作改动。对于我当时的情况来说，显然第二种途径比较合适，因为这样会省去一大笔装修费用。既然无法弄一家具有自己独特风格的"小石潭记"，那就一切从简吧。

我继续在网上寻找一些转让中的店面，陆陆续续看了几家，地段稍好一点的，转让费就高得吓人。时间又过了好几天，我还是一无所获，当时甚至想着干脆弄个小推车去地铁口摆地摊算了。但这样一来又跟打游击战一样要躲开城管，自然不是长久之计。直到2010年7月3日傍晚，我去看了几家店面，疲惫不堪地往回走，路过蓟门里小区一家馒头店的时候才发觉自己没吃晚饭，于是进去买了两个馒头。我一边啃着馒头，一边接过大叔找给我的零钱，问道："大叔，您知道附近有什么店面要转让吗？"

大叔看了看我，用浑厚的山东口音问我："你要做啥？"

"开米粉店。"我说。

"你看我这家店合不合适？"

"啊？大叔，您不想干了？您这家店生意不是挺好的吗？"

"生意是挺好的，不过最近家里出了点事，我们要赶着回去呢。"

"这样啊……"我说着又回到他的店里看了看。整个店的面积大概三米宽，十米长，三十多平方米左右，他隔了十几平方米出来放了床做卧室，用十几平方米来堆面粉，剩下的十几平方米用来蒸馒头。并在旁边开了一个窗口，顾客要买馒头的时候就从窗口递出去，整个店是没有就餐区的，反正吃包子馒头嘛，都是打包带走的。

"这个面积貌似小了一点。"我嘴上这样说着，心里则想，要是价钱合适的话倒是一个不错的选择，把蒸馒头的地方改造成厨房，把卧室和堆面粉的地方改造成就餐区，这样算下来也差不多够用了。虽然这个店面不是在主干道上，但周围有好几所高校，给各大高校送餐也比较方便。

大叔听我这么一说，有点着急了："这儿面积是小了点，但租金也便宜，一年才五万块。"

"那转让费呢？"我趁机问道。

"转让费嘛，"大叔迟疑了一下，"你也不是开馒头店，这些设备估计你也用不上，我弄走就完事，啥转让费也就没有了，你把剩下的房租和押金转给我就成了。"

我一听，这位大叔还挺实在。前几天询问了几个店面，就算空铺转让都要好几万的转让费。于是我又一一询问店铺的产权、合同的年限以及经营的各种许可证等等详细情况。大叔也详细给我作答,并向我出示各种证件和票据。我觉得方案可行,当天晚上就跟他到房东那儿办理了转让手续。

真是踏破铁鞋无觅处,得来全不费功夫。后来我才知道大叔之所以急着把他的店转给我是因为他儿子闯了祸。据说是小区里有一位业主把车停在了他家门口,妨碍了他家的生意,大叔的儿子就跟那个业主动起手来,结果那位业主打不过大叔的儿子,扬言第二天要带人来砸店。大叔比较害怕所以当晚就搬走了。

也就是2010年7月4日,传说中砸店的大哥并没有出现,已经拿到租房合同的我们则开始整理自己的店面。

把店里的东西清空之后,感觉还蛮大的,用防火墙隔出厨房,店里还能放下五张桌子,中间留出过道,每边摆上二张桌子,大门口留个通道,门的正对面还可以摆张桌子没有问题。如果一张桌子能同时坐四个人吃饭的话,算下来可容纳二十人就餐。我心里盘算着一天翻台十次也可以卖两百碗粉了(实际上不能这样算,因为饭点的时候人比较集中,其他时间基本没啥人的）。店里的空间规划好之后，我重新安了店门，请人做了两扇明亮的玻璃门。然后再安上招牌灯箱，广告墙，再装上吊灯，装上空调，整个小店就显得有模有样了。具体怎么弄我就不一一详记，大致的表格和费用附在下面，仅供参考。

开店前期投入费用表：

费用种类	具体费用名称	费用合计（元）
初期规划费用	执照、卫生许可证等费用（由房东负责）	10000
店面租金押金	租金半年：25000元 押金：5000元	30000
装修设计和设备购置	厨房设备和餐具：30000元 餐厅设备和桌椅板凳等：4500元 空调：3000元 首批原材料购买：15000元 大门、灯箱招牌、墙体广告：16000元	68500
开办费以及运营资金	员工前期工资0元（都是自己人，先不开钱） 周转资本0元（所有的钱都用完了）	0
总计		108500

就这样，直到2010年7月25日，螺蛳粉先生开张了。从租下铺面到开张总计用了二十二天。记忆中，这二十二天比我2004年考研的那段日子还要艰苦。毕竟考研的复习都是脑力劳动，充其量也只是大冬天通宵在教室里看书。而2010年7月份的那二十二天，当时的我已经三十岁了，所要承担的压力是空前的。首先是我承受着巨大的经济压力，万一这个小店失败我将负债累累，如果将来用上班工资来还这些借款我至少要用两年的时间才能还完。另一个压力是体力劳动和脑力劳动的双重压力。当时我那个编辑工作室还有一些收尾工作要做，每天还要抽点时间来处理，其他的时间基本都是在店里布置或去市场采购，还要想办法做宣传。可当时已经没有钱了，哪怕是拿出几百块钱去印制宣传单都有些吃力。于是我想到给螺蛳粉先生注册了新浪微博。并随时在新浪微博上公布螺蛳粉先生的各种信息。

起初，我并没有对新浪微博产生多大的依赖或寄予多大的期望。我只是想多一个渠道为小店多做些宣传，聊胜于无，仅此而已。只能说我正好赶上了那个时候，新浪微博也在不断地发展壮大，我身边玩微博的朋友也越来越多。据统计，截至2010年10月底，新浪微博用户数已达五千万，并且新浪微博上的公众名人用户越来越多，影响力也越来也大，流量也就越来越多了。所以后来新浪微博成了螺蛳粉先生的主要宣传渠道，也成了我们与顾客对接和沟通的最重要的渠道。

闹闹是我2009年在北京开文化传播公司招聘进来的编辑。广西玉林人。她来上班的第一天，扎个马尾辫，牛仔裤运动鞋加白色的棉T恤，一副大学生刚毕业的模样，眼神清澈，表情活跃。我和朋友请她吃饭，饭桌上，我点了我爱吃的苦瓜。她皱皱眉，表示不爱吃。我心想，这小丫头对自己的老板都不投其所好，多么胸无城府啊。

往后的工作中，我们相处还算融洽。闹闹是典型的文艺青年。我们对小说的看法有很多共鸣。她在广西师范学院读书期间拿了两个学士学位，文学是她的第二专业。我甚至怀疑她第二专业比第一专业学得还好，我和我朋友都很佩服她，工作起来也是加班加点从无怨言，完完全全一副沉迷于工作的状态。这种品性让我心生好感。

其实在刚认识她的时候，我心里有别的喜欢的女孩。但缘分这东西，总有那么点误差。她像一股暖流逐渐浸入了我的生活。总之让人觉得跟她相处毫无压力，非常惬意，简简单单的工作之余，又能感觉到一股乐观向上的正能量。她是一个基本不会抱怨的女孩。就连公司都要倒闭了，也要踏踏实实做好最后一件事。

闹闹和其他人一起叫我"才哥"。我出生于1980年，"80后"的作家圈里，大家都尊称我一声"才哥"。

很可惜的是我们公司策划出版的几本书销量都不好。或许，我们认为好的文学作品太过于小众，或许是青春文学的热潮已过，因为我们没有雄厚的资金去签著名作家的稿子，只能出版一些新人的作品，这样一来，很多渠道又进不去，打不开局面。总之我们根本收不到销售回款，但作者的版税又不能不付，所以公司还没到一年就运营不下去了。

公司倒闭之际，我疲惫不堪，感觉心神俱毁，大病了一场。

我的第一次创业就这么狼狈地收场了。我们退掉了租来的办公室,一起合作的老师已经打道回府另谋高就,我躺在医院的病房里打点滴,心力交瘁,万念俱灰。想想和我一样曾经从新概念出来的作家们,好些已经大红大紫,新作不断,一本书随随便便卖个几十万上百万册。有的已经进入了福布斯作家排行榜。而我自己,同样作为新概念一等奖的获得者,太失败了。撇去作家这个身份不说,就学历而言,我也是211大学研究生毕业,如今同班的同学有的已经做到了局长、处长。想想我自己,一败涂地,凭什么我的勤奋和努力,换不来回报,这个世界太不公平。委屈的眼泪顺着眼角流到了脖子……

这时候病房的门开了,闹闹提着一个保温饭盒进来。我赶紧擦干眼泪,揉揉眼睛做刚醒状。

"你都失业了,怎么还不回去?"我故意打着哈欠问她。

"就算你不是我的老板了,我也不能就这样把一个病号丢在大老远的北京不管啊。"说着她放下保温盒，小心翼翼地倒出里面的粥，一股很浓的姜味扑鼻而来。

"我奶奶说呀，姜可以驱寒，退烧。你喝点吧。看你眼睛都烧红了。"

还好！最起码她不知道我的眼睛是哭红的。

"你还会做饭呢，跟小媳妇似的。"我故作轻松地说。

"小媳妇就小媳妇呗，不做饭吃什么？"

那天以后，闹闹每天煮了粥给我送过来。但我的胃口很差，清淡的东西根本不想吃，只想吃一些重口味的东西。她像哄小孩一样："等你退了烧，我带你去吃你最爱的螺蛳粉吧。"

说到螺蛳粉我就来了胃口。

"可以现在去吗？"

"那不行，医生说了，你现在消化不好，只能吃清淡的，有营养容易吸收的食物，螺蛳粉又酸又辣，病号不能吃。"

"哎呀，小媳妇变营养专家了。"

"少贫嘴，喝粥！"她命令道。

这么说吧,这场大病还是值得的。慢慢地,我发现自己收获了一份传说中的爱情。

"我现在一无所有了。"

"你不是还有我吗?"

这是我们在电视剧里听腻了的台词,但是真的有人对你这样说的时候,心里暖暖的。这股暖流配合着医院里的点滴让我的精神状态慢慢地好转起来。

"医生说你可能还要住院观察两天才可以出院,我怕你无聊,给你带了书来。"

"不要不要,这一年到头的,在公司天天看稿子,弄得我眼睛都快瞎了。"

"看书和看稿是不一样的。"

"反正都是文字,书也看不下。"

"那行吧,我读给你听好了。"她从背包里抽出一本皱巴巴的小书,拍了拍,"嗯,我说这书怎么那么热,原来刚才被饭盒压到了。"

她翻了翻书,又放下了:"侦探小说,不太适合,我换一本吧。"说着她又从书包里掏出一本,"嗯。这本可以。"

"得。"我找了一个舒服的姿态,躺在白色的病床上。

虽然她给我审过很多的小说,写过很多的审稿意见。但这是我第一次听她朗读,像一位小学启蒙老师,给她的学生朗读范文。她读书的声音比平时说话的声音要好听,要温柔,充满了感情。我陶醉在这种奇妙的二人世界之中,所有这几年经历的挫折和委屈瞬间烟消云散,空气里弥漫着美妙的音符,我心满意足地闭上眼睛,昏昏欲睡,心里想着,要是有一个人一直这样陪着我读书该多好啊。也正因为有这一段难得的经历,后来我们结婚以后,每天入睡前总会选一本书,你一段我一段地读着,竟在婚后的那段时间养成了每天给彼此读书的习惯,并约定这个习惯要一直保持下来。再后来因为小孩的出生让我们的二人生活变得一地鸡毛,这个习惯遗憾地渐渐丢掉了。

出院后,我们并没有第一时间去吃螺蛳粉,因为要照顾我的缘故,她每天都会到我家做饭给我吃,毫无疑问,都是非常清淡的水煮青菜、清蒸鱼、西红柿炒鸡蛋之类。

"你厨艺进展挺快嘛。"

"谁还不会百度了?"

还有一次,她主动做了苦瓜。

"苦瓜这么苦居然有人爱吃?"我学着她初次见面的样子,皱皱眉。

"年轻人当然不爱呀,不过像您这样需要养身的大叔,就得多吃。"说着帮我夹了一筷子。

"老人家胃口不佳,就想吃点螺蛳粉续续命。"

于是,我们坐在了北京当时为数不多的一家小小的螺蛳粉店里,坐标在人大西门,店名叫"疯狂Beyond不再犹豫柳州螺蛳粉"。我已经连吃两碗了——因为闹闹给自己点的那碗她就吃了一口,然后丢给了我。

"太辣了!"她不停地甩着手朝自己的舌头扇风,还不停地张大嘴巴哈着气。

闹闹是玉林人,她说她家的厨房有史以来到现在为止都没有出现过一个辣椒。他们全家没有一个人吃辣椒,炒菜也不放辣椒的。有一次和她一起吃饭,她对我说:"好奇怪哦,我看你吃什么都放辣椒,那不是极大程度地破坏了食物本身的味道，而只剩下辣味了吗？"我随口答道："那你炒什么菜都要放盐，是不是所有的菜都只剩下咸味了？"后来她告诉我，在她问我的诸多问题中，这是我回答过的最经典的答案，从此她觉得每个人的兴趣和爱好都是应该被尊重和理解的。闹闹是独生女，父亲是机械工程师，母亲是会计师，家庭条件不错，不用为生计担忧。并且她自己也异常努力。其实她父亲一开始就不支持她来北京工作，就这么一个女儿，想一直让她待在身边。这次听说她辞职以后，已经打了好几次电话来，叫她尽快启程回家。家里已经在给她安排工作了。

但我却不同了，2007年我父亲去世之后，砖厂经营状况不佳，各种大型的现代化红砖厂渐渐冒了出来，我们的青砖厂不久也倒闭了，家里基本上没有什么经济来源。妈妈爱打麻将又没有退休工资，二妹大学还没毕业，三弟刚刚结婚，幺妹在读高中等着考大学。一家人都靠我来支撑着，如果只是找一份普普通通几千块钱的工作，怎么能够支撑起这个家呢？即便我写作也能赚点稿费，但又写不出畅销之作，解决不了一家人的经济问题。我需要的不仅仅是我自己的安稳，而是要兼顾整个家庭。眼看我又到了而立之年，好不容易逮着了一个自己喜欢的姑娘，可我要用怎样的方式来爱你呢？我深深地叹了一口气，往椅子上一靠，两只眼睛充满了歉意地看着对面的姑娘，心生疼爱，又很无奈。

"要不我们一起回家吧？"对面的姑娘也看着我，虽然是一对清澈的大眼睛，但她看不透我此刻的心思。

"还早呢，再坐一会儿吧。"我闻着螺蛳粉店里弥漫的酸笋的味道，听着店里播放的 Beyond 的摇滚乐，很适合我此时五味杂陈的心情，不想离去。

"不是，我是说，我们一起回广西吧，离开北京，回广西定居吧。"她认认真真地，一字一顿地说。

"就这样回去啊？"

"不甘心？"

两人沉默了一会儿。

我点点头。

"那接下来怎么办？"她抿了抿嘴看着那两个空

空如也的大碗,又抬头看着我,嘟起嘴巴,少年不识愁滋味。

看着螺蛳粉店络绎不绝的人流。其实我的心里早已萌生了开螺蛳粉店的想法。

"我想留下来,在北京开家螺蛳粉店。"

"就这种在广西一抓一大把的小米粉店?"闹闹露出了怀疑的眼神。

"我们做一个'关于螺蛳粉的餐饮连锁企业的策划方案'去融资吧,说不定以后能做成一家像味千拉面这么大的公司呢。"

我越想越兴奋,赶紧拉着她去赶地铁,第一时间回去做方案。

那段时间,她仿佛被我打了鸡血,两个人没日没夜地做策划写文案,大到对餐饮连锁行业的分析,我们举了很多餐饮连锁企业成功的案例;小到对北京当时仅有的五家螺蛳粉店做蹲点调查,总结每个店的弊与利。然后在网上查找收集关于螺蛳粉的一切资料。那时是2010年。我的策划方案中记载:百度搜索"螺蛳粉"能找到98000篇相关网页。十几年后的今天,我再去百度搜了一下"螺蛳粉",相关条目已经上亿了,相当于已经翻了一千倍!

我现在还清楚地记得,十几年前的北京,满大街都是桂林米粉,螺蛳粉少之又少。但我总觉得螺蛳粉是一块还没有发掘的金子,我相信它会发光,甚至会超越桂林米粉。十几年之前的想法,梦一样地到了今天。谁能想到这梦想居然变成了现实。

当时我们大概用了一周的时间,做了一个近万字的策划方案。PPT做得有声有色,图文并茂。大概内容包括:螺蛳粉概述、中式快餐连锁行业分析、螺蛳粉的市场分析与发展机会、商标识别与店面装修风格、品种改良及品种多样化、店面选址分析、网络销售平台的建立、前期目标投入与产出、品牌的后续研发等方面无所不尽其极。这个方案承载着我们能否在北京生存下去唯一的也是最后的希望。

店名取得很文艺,叫"小石潭记",取自唐宋八大家柳州刺史柳宗元的一篇散文。你能想象得到,两个文艺青年做出来的方案,满满的都是文艺气息。店里有整墙整墙的书架,复古的原木桌子加上真皮座椅，连烟灰缸都是大大的海螺，还有一片流水的瀑布墙，底下是个养着各式各样田螺和小鱼儿的鱼缸，角落布满绿植，餐厅里总是播放着轻音乐，你可以在这里吃螺蛳粉，品广式甜品，喝手冲咖啡，看书，发呆。

我们看着这个方案，就像看着我们的孩子一样，完全陶醉了，两个人兴奋地抱在一起，满眼含着泪花，想象着无数人在我们店里吃螺蛳粉的样子……

然而，有句话怎么说来着：理想是丰满的，现实是骨感的。

是的。没有投资人对我们的项目感兴趣。要么是对餐饮不感兴趣，要么是对螺蛳粉不感兴趣，要么干脆就不知道螺蛳粉为何物。我们请投资人去吃螺蛳粉，刚吃了一口，吐吐舌头摆摆手，表情尴尬地说，不好意思，我有事要走了……

我们甚至把投资计划从两百万降低到了一百万，只要求做一个旗舰店就可以了。但还是没有人愿意投资。李开复的创新工厂我也去了，我还见到了李开复老师本人，但是他们只孵化互联网公司。我们创业的豪情再一次被击得粉碎。那时候的我，甚至萌生了对螺蛳粉的厌恶之情，感觉它欺骗了我的感情。

"希望越大，失望也越大吧？"倒是闹闹，显得比较平静。

"这些老板真是太没眼光了。"我一副怀才不遇的样子。

"也不能怪人家。每个行业都有每个行业的投资标准，人家本来不做餐饮的，就算你的项目比肯德基还好又有什么用呢？"

我点燃一根烟，深深地吸了一口。

"你抽烟的样子帅呆了。"闹闹小心翼翼地冲我一笑。

我后来才知道她那时候是在想办法安慰我。因为我们结婚以后她就要求我戒烟了。所以当时不管我在做什么，她都会说我帅呆了。就像那场病没有白生一样，这个策划案也算是没有白做。这个所谓的我们以为会像摇钱树一样的策划方案最终存在的唯一的意义就是升华了我和闹闹的感情。

"我知道你很委屈。其实并不见得你要投入多大的资金才能启动一个螺蛳粉店啊，你看我们考察的那五家，不都是苍蝇小馆吗？如果你真的不服气，真的对螺蛳粉有信心，你就应该从小店做起，亲力亲为，把企业做大了，做到一定的知名度，自然会有投资人来找你。"

"这样做的话，不就成了你说的那种在广西一抓一大把的小米粉店了吗？恐怕连你自己都看不上吧？"

"刚开始我是这么想的，但这几天我和你一起扎到螺蛳粉里面去了。看着你跟疯了似的，说实话，我很佩服你。以前和你一起从事文字工作的时候，我没发现你有这样的毅力。这段时间你让我完全改变了对你的看法。我这辈子没做过什么疯狂的事。就算陪你一起疯，我也感受到了你的决心和力量。如果你就这样放弃，我替你感到不甘心。"

"我也不想就这样放弃。"

"那我们一起，从小店做起，你觉得怎么样？"

"做小店起点太低了。"

"可能是你一直站得太高吧，研究生毕业，又是青年作家，想想和你站在一条起跑线上的人，头上大多顶着光环，如果你落魄到去经营一家苍蝇小馆，为客人端茶倒水，干着服务性质的工作，这种落差，确实叫人难以接受。但你有没有想过，职业是没有高贵卑微之分的，任何人都有落魄的时候。是的。开一个小小的螺蛳粉店，起点很低很低，仿佛每个人都可以去做，但我相信你，你肯定会做得比别人好，因为你有梦想，这只是你的起点而已。更何况，还有一个一点都不喜欢吃螺蛳粉的人，仅仅是支持你的梦想，欣赏你的干劲而一直站在你的身后……"

我真的不知道说什么才好了。我愈发觉得对不起眼前这个陪我一路走来的女孩。她陪我一起做方案，陪我一起失败，还要在我失落的时候安慰我，照顾我，还要陪我受委屈。就算她不喜欢吃螺蛳粉，居然可以爱屋及乌地陪我一起开螺蛳粉店。我想，这就是所谓的奉献吧。

我把烟一掐，想给她一个大大的拥抱。

她使劲地把我推开，嘟囔了一句："那么多人呢。"

她擦了擦嘴巴，整理了一下衣领，看着我的眼睛，一本正经地说："我问你一个问题吧，回答好了，我就留在北京帮你。

"嗯？"

"你更爱螺蛳粉还是更爱我？"

"你确定这不是一个你和我妈同时掉进水里的问题？"

"这跟你妈有什么关系？"说完，她扑哧一声，笑了。估计也被自己的问题傻到了。

我知道，她不至于不自信到要问我这样傻的问题。我觉得她就是纯粹地想逗我开心而已。看到她笑出声来，我心中悬着的一块石头也就落了下来。

这时候，闹闹的爸爸打来了电话。

"哎，爸，我正想跟你说呢，我找到了一份更好的工作啦。嗯。也是做编辑。是家大公司，还是项目主管。嗯。嗯。有钱用，有钱用，您不用担心我啊，我过年再回去啊。好的。爸。好的。老爸再见。"

听到她跟她爸打完电话，我刚刚建立起来的信心一下子又消失了："哎……说到底这还是一个卑微的职业吧，你看你都不好意思跟你爸说实话。"

"哎呀，怎么会呢，我只是懒得跟他老人家去理论。再说了他们老一辈有老一辈的观点，我也不想去说服他，改变他。"

"那你就能说服我改变我？"

"你呀，你不一样啊，你还年轻啊，孺子可教，知道不！"

"……"

"难道不是吗？难道你不听我的话吗？"她见我不说话，追问道。

我思考了一会儿，严肃地跟她说："自己开店，什么都要亲力亲为，很辛苦的。你确定要做一家苍蝇小馆子的老板娘吗？"

"要不然呢？"她避开我的眼睛，深邃地望着窗外飞舞的柳絮避开了老板娘的话题，跟我谈起了苍蝇小馆，"进入一个全新的赛道，肯定要从基础做起，你如果要以此作为你的事业，你要了解每一个细节，熟悉每一个环节，只有把基础打好了，把整个行业的链条全部跑完了，你一个人能接单交付的时候，才可以招兵买马，放量生产。就像跑马拉松，跑完全程才能了解自己的耐力，才能看到沿途的风景。"

"好漫长呀。"

"何为漫长？一年？两年？创业的本质就是你对某一事业认知的深度，你要想在某方面有所建树，必须要有扎实的基础知识。打好基础，就算是十年二十年，也是必须经历的阶段。这个世界最公平的是时间，最不公平的是一个人的阅历，不管这段时间有多漫长，你要用它来丰富你的履历，去和不同的人群打交道，把丰富你的人生阅历当成一辈子的主业来做，永远抱着学习的态度去工作，那你就已经进入创业的状态了。如果你带着一夜暴富的心态去创业，不愿意花时间去积累，就算偶然成功，也只是幸运罢了，说不定某天仍会失去。"

"……"

"因为我看到了你的专注，甚至痴迷，我有什么理由不支持你呢？我可能比你先看到了事物的本质。我现在要做的就是跟你一起放下姿态，破釜沉舟，不顾一切地去经营一个小馆子。你放心，我可以在办公室里写稿子，也可以在小馆子里擦桌子。尽心尽力，一丝不苟。"

时隔多年，每每想到这里，我都热血沸腾。正是她这一段刻骨铭心的话,伴随着我渡过往后一道一道的难关,不仅仅关乎螺蛳粉,还关乎我的整个人生。

螺蛳粉的餐饮连锁企业因为没有拉到投资,变成螺蛳粉苍蝇小馆了。文艺气息十足的"小石潭记"变成了憨态可掬的"螺蛳粉先生"……

"现在,我宣布,我正式成为螺蛳粉先生的服务员。"说着她举起了右手,仪式感十足,和我对视着,给我一股非常坚定的力量。

我鼻子一酸,眼睛一热,差点掉下泪来,赶紧深呼吸一口气,故作轻松地点了一下她的额头,打趣道:"嗨,那个大眼睛的服务员,发什么呆呢!给我来一碗火辣火辣的螺蛳粉,加鸡蛋,还要加一份大扣肉!"

"哈哈,你这个不折不扣的吃货。"闹闹被我这么一说,给逗笑了,"你突然让我想起了一个人。"

"嗯?"

"苏东坡。"

"啊?"

"他也是个大吃货,喜欢研究各种吃的。你看他被贬到了黄州以后,发现黄州的猪肉便宜,富人不吃,穷人不会吃,于是他就做各种研究,他发现猪肉用小火慢炖,少放点儿水,做出来很好吃,肥而不腻,香而不柴。这就是我们现在说的东坡肉。还大笔一挥写下了《猪肉颂》。有一句我特别喜欢:'待他自熟莫催他,火候足时他自美。'再后来被贬到海南,他发现那儿的生蚝可以煮可以烤,真是太好吃了。你想他多么豁达啊,其实,他当年离做宰相只有一步之遥了,从翰林学士这么一个特别高的位置摔下来,很惨,但是,他一点都不哀怨,还能找到乐趣,还能重新开始。所谓'日啖荔枝三百颗,不辞长做岭南人',是多么地乐观旷达、随遇而安啊……"

我皱皱眉,心想,你这确定是在开导我吗?

她白了我一眼,好像看出了我的心思:"怎么啦?拿你和苏东坡相提并论还不开心了?你要知道,一个吃货,不是在所有人眼里都是苏东坡的,也有可能是只猪……"

我扑哧一下,忍俊不禁……

哎,和这样的丫头生活在一起,以后不管怎么落魄,生活应该总是充满乐趣吧!

第四章/互联网石器时代
的网红店

2010年,我已经三十岁了,但世界上还没有微信和抖音,新浪微博是我们和顾客沟通交流以及宣传的唯一线上平台。

人的一生会有很多想法，有些想法能实现，有些想法不能实现，有些想法不得不去实现，还有一些想法并不打算去实现。譬如我读小学的时候想当班长，三年级就实现了；高中计划要考清华北大，没有实现；大学之后要考研究生，分数刚好上线；毕业后想开一家文化公司，以失败而告终；而后想融资开一家螺蛳粉的餐饮连锁企业，后来不打算去实现了，因为想法也可以改一改的，就算开一家一抓一大把的小米粉店又何妨？这是我实现理想的一部分。再说了，还有理想中的服务员伴我同行。

这就是我当时的生活态度，一种积极、乐观、向上的态度。

我们的小店从租下到开张总计用了二十二天。这是我在新浪微博上记录的确切时间。2010年7月20日，我用"螺蛳粉先生"注册了新浪微博账号，并写下了第一条微博："螺蛳粉先生蓟门店计划于2010年7月25日星期天开业。"

其实店里非常简陋，比我们之前蹲点调查过的五家螺蛳粉店都要寒酸。那些白色的印花墙纸都是我和闹闹一张一张贴上去的，桌椅板凳都是去二手市场淘的，和当初我们策划的充满了文艺气息的小石潭记螺蛳粉店比起来简直是天壤之别，就像告别了现代文明回到了原始社会。并且小店的位置也很偏僻，在北京电影学院对面的蓟门里小区的菜市场的一个角落里，之前这个铺面是卖山东大馒头的。

那时候店里总共只有五张小桌子。每张桌子最多只能同时容纳四个人就餐。店里总共只有四个员工，我妹，我妹夫，加上我和闹闹，我们四个全是大学毕业生，又全是服务员。在此之前，餐饮对我们来说真的是个完全陌生的行业。我们四个宛如四只初生之犊。

开业的前一天晚上，我们忙到凌晨一点多钟，熬了两百碗螺蛳汤，第二天居然卖个精光，直到晚上十一点多打烊的时候，还有朋友因为没有汤就单独点了卤菜和花生米下酒。因为当天吴虹飞带了很多朋友来捧场，还有我鲁迅文学院的同学们也过来了，挤挤挨挨的，呼朋唤友的，看到场面混乱，帮忙的帮忙，尝鲜的尝鲜，本来店面就小，人一多起来就显得热闹非凡。原来以为店里装一台一匹马力的小空调就够用了。看到大家满头大汗，还有很多人在店外的槐树下，临时支了桌子用餐，我的心里实在过意不去，第二天就换了个更大功率的空调。

尔后的几天，生意有所回落，但整体还是不错的。住在蓟门里小区的居民，看到那么多年轻人成群结队地来吃螺蛳粉，也抱着试一试的心态进店品尝。

因为店的位置很偏，有人从微博上看到消息过来用餐，在小区里转了几圈没找到地方，后来居然是闻着味儿找到了厨房的后门，这就是所谓的第一代网红店吧！

8月3日，闹闹有了一个新的称呼——收银姐姐。因为那天我们给店里配了收银机。2010年的时候，线上支付还没有开通，大家都是现金买单，我们四个人常常忙得一头热汗，一片混乱。本来开馆子这种事我们都是半路出家，没有任何经验。自打有了收银机以后，小店井然有序了，闹闹主要担起了收银的责任，招呼大家先排队点餐，然后再坐等吃粉。这样一来，大家都亲切地称呼她为收银姐姐。也有人叫她丸子头姐姐，因为那时候她把马尾辫剪了，只留了齐耳的短发，头圆圆的，像个丸子。其实她还身兼服务员，端粉、收碗、擦桌子，一刻都不能停。正如她起初承诺的那样："我可以在办公室里写稿子，也可以在小馆子里擦桌子。"

妹妹和妹夫在厨房里也忙得不亦乐乎。作为店长的我更是身兼数职，我自嘲地称自己为"懂事长"，因为店里从头到尾所有的事我都要懂，除了外卖和采购，接送顾客，还得帮闹闹分担擦桌子收碗的工作，因为顾客太多，闹闹一个人总是顾此失彼。我又买了一些可以折叠的桌椅板凳，店里坐不下的时候，可以安排到对面槐树下的空地摆桌就餐。除此之外，我甚至还要带客人到远处的公共厕所……关键是十几年以后还有人记得我带她去上厕所的情景，比如咆哮女郎柏邦妮。

开业初期店里员工情况表：

职务	昵称	毕业院校及学历	主要负责事项
店长	螺蛳粉先生	广西大学，硕士研究生学历	负责店面的整体运营，维护店面正常生产，帮顾客处理疑难杂事等
收银员及服务员	收银姐姐	广西师范学院，双学士学位	负责店面的财务情况，收银、做账、采购支出以及餐厅的服务工作
厨师	马大姐	百色学院，大专学历	负责螺蛳粉的出品和品控工作，产品研发工作，维护食品质量和安全
厨师助理及采购	西西	宝鸡文理学院，学士学位	协助厨师生产，前期准备工作，临时采买工作以及后期的卫生维护工作等

当然，这种所谓的分工只是原则上的说法，餐馆经营终究属于服务行业，整个餐馆的所有员工都是服务人员，都要全心全意为顾客服务。

那个夏天让我体会到了什么是切切实实的忙碌而

充实。我们每天忙到很晚,送走了最后一拨客人,又要开始准备第二天的工作。因为螺蛳粉这个东西比较复杂,很多东西都要提前准备,光说配菜至少就有七八种,都得提前准备。我们也是苦中作乐,渐渐地,在生产过程中,我们给每种配菜都编了相关的打油诗:

花生米

花生米,嘎嘣脆

先用热水洗一遍

去苦又去涩

逐渐升温来油炸

控温要准确

金黄色,不能黑

恰到好处才出锅

出锅以后快冷却

如此工艺虽烦琐

泡入汤里依旧脆

酸笋

都说酸笋臭

臭也让人流口水

产地要选八渡笋

脆嫩又无渣

手工切丝保原味

笋头笋尾去煲汤

大火翻炒要功夫

冰糖来提味

辣油去上色

融到笋里刚刚好

我很臭

但是我很有内涵

总有一天你会离不开我

酸豆角

酸豆角,不能少

花生酸笋替不了

电影不能无配角

就如我是酸豆角

小而短，脆而嫩

炒干水分就能用

吃完米粉捞一捞

碗底尽是酸豆角

就问你，惊喜不惊喜

酸泡椒

蒜米辣椒和食醋

蒜瓣剁成米粒大

辣椒要选青线椒

米醋必须纯粮酿

提前一天来腌制

全程不能碰油脂

加入粉里能提味

一味酸，二味鲜

让你回味到明天

木耳丝

木耳丝,选白背

营养丰富又清脆

热水泡发要去蒂

小心木屑卷其中

头茬木耳肉厚实

任你炒,任你煮

木耳不会太娇气

加点油盐就美味

米粉白,木耳黑

营养搭配更健全

米粉滑,木耳糙

提醒你要慢慢吃

腐竹

大腐竹,非豆皮

没有淀粉和豆渣

高温大火来油炸

用油要用大豆油

一秒两秒就出锅

形状随意不规则

小心翼翼密封好

别弄碎来别回潮

每碗粉,铺几片

沁点汤汁吃一口

啊!

回味无限

辣椒油

辣椒油,最重要

无辣不是螺蛳粉

太辣肠胃受不了

几种辣椒来配比

都要磨成细粉末

宁用魔鬼辣勿用辣椒精

辛香料,按比例,配其中

大豆油,控好温

小葱段,刀拍碎

炸至金黄淋入辣椒粉

搅拌不能停

待到香飘千万里

看那螺蛳粉,哪个碗里不是红彤彤?

除了以上那些基本配菜,熬螺蛳汤可以说是重中之重的环节。我们一般会提前八个小时开始熬制,不然螺味熬不出来,如果时间不够那些香辛料的味道会很呛鼻。所以我们经常忙到凌晨两点多准备回去休息的时候,才把熬螺汤的锅放在煤球灶上去,换好煤球,让这锅汤慢慢地熬到早晨天亮。

回到卧室,我还要抽空在新浪微博和小伙伴们互动。

2010年,我已经三十岁了,但世界上还没有微信和抖音,新浪微博是我们和顾客沟通交流以及宣传的唯一线上平台。

我在新浪微博上开了"螺蛳粉知识普及篇"和"螺蛳粉先生家的顾客"两个小栏目。一个是向大家具体地介绍一下什么是螺蛳粉,包括螺蛳粉的做法、吃法、食材等等，比如说螺蛳粉里到底有没有螺蛳之类的。二是向大家讲一些店里的趣闻趣事，保持跟大家交流互动。三是更新一下"微博墙"上顾客的留言条，把一些有趣的留言拍下来，发到微博上跟大家分享。

所谓"微博墙"就是由新浪微博的工作人员提供的一些便笺纸，顾客来店里用餐后，可以在这些小纸片上写下任何他们想说的话，可以匿名也可以署名，然后再贴在我们店里的一面空白的墙上去。久而久之，这面墙上贴满了各种各样的小纸条，比如"你知道我心情有多烦吗？每当我心情不好的时候，会想到螺蛳粉，去点一大碗螺蛳粉加肥肠加脆皮加腐竹加鸭脚再加特辣！哈哈……"那时候的大众点评网还没有普及，很多人是通过微博找到这里的，比如"上网找到这里，螺蛳粉先生，Oh my god！可以再好吃些吗？好棒！和亲爱的先生一起过来。这里是我们的爱情螺蛳粉店。爱这里，愿来这里的朋友都开心，幸福！"还有很多的留言渐渐超出了螺蛳粉的范畴，比如"佟磊：跟你无数次路过这家小店，因为你不吃辣，所以从没要求你陪我进来，现在我一个人来，想告诉你，我很喜欢这里。"后来甚至有某某到此一游，某某对某某表白的留言，渐渐地，微博墙形成了一道独特的风景线。很多顾客来店里用餐的时候，都会去看看那些留言，然后有感而发，一边嗍粉一边打卡留言，完成一次精神食粮和物质食粮的双满足。

为了让大家在店里吃粉更加有情调，收银姐姐买了一台老式的CD播放机，播放好听的民谣，在店外槐树下那些临时支起来的桌子上放一些大大的海螺的螺壳，给喜欢抽烟的朋友当烟灰缸用。餐厅是介于私人生活与公共生活之间的一种媒介，白领们下班之后，或者学生们放学之后，来到这里休息、消费、补充能量，恢复劳累了一天的身体，大家彼此进行思想、文化、感情的交流，既有人感到愉快，也会有人感到孤独、烦恼。我渐渐地发现，螺蛳粉先生作为一家小小的米粉店，不仅是一个个体消费的场所，而且已经具备了自身的社会交往功能。

我也常常在微博上发一些小文章：夏天清晨，螺蛳粉先生家门前的树木开花了，花瓣随风起舞，坐在树下吃饭的同学很可能会获得免费加菜哦，一不小心，你筷子上夹到的不是酸笋，不是腐竹，而是一朵欢快的小花。要问螺蛳粉先生家的用餐环境如何，十六个字：春天扬絮，夏天扬花，秋天落叶，冬天飘雪……

偶尔也会发点伤感的小牢骚：我们生活在一个硝烟无处释放，刀剑任意生锈的年代。流浪是我们的主题。我先是从湖南到广西，再到上海，再来北京，这一梦就是三十年了。而我们的爷爷奶奶一辈子就待在一个地方，像生了根似的。我们，像他们身上开出的蒲公英，飘浮不定，居无定所……

心情好的时候，拍一张螺蛳粉的照片，写道：每天一碗螺蛳粉，恰似生活在广西。

每天都有顾客在微博上@我们，晒一些在我家吃螺蛳粉的照片和趣闻。比如，有人在微博说："螺蛳粉先生家的什么都好吃，旁边的超市也真平价，弄得我都想来这个小区租个房子了。"可能还真是这个原因，我们把蒋峰、范少卿、陈潇含、水格等朋友都引来做邻居了。

还有人在微博上说："周末老婆带了一碗回来，超赞地说，在北京从来没吃到过这么正的螺蛳粉。第二天就带了一拨朋友专程打车过去吃。"

还有人更夸张："螺蛳粉先生的螺蛳粉，已经不仅仅是螺蛳粉了，是一种信仰，一种寄托：精致的小店，热情的伙计，以及美名传千里的螺蛳粉，再加上千里之外属于乡愁的情结，即便不是那方人，也定是为之动容，为之倾心，继而有了另外一个故乡。"

小区的邻居也通过微博来跟我们互动："今天晚上去吃了小区里大名鼎鼎的螺蛳粉先生，没想到这个小店才开张几周就已经如此名声在外了，慕名而来的人很多啊！还真很好吃的呢。"

有一条非常土豪的微博是这样写的："花了四百二十万在蓟门桥的和景园小区买的房子，觉得最大的收获就是发现了螺蛳粉先生。"我留言道：你可以买下整个螺蛳粉先生吗？

还有人特意在微博上表扬收银姐姐："今天晚上好饿，于是去吃螺蛳粉，不顾天色已晚。因为越晚人越少，收银姐姐很晚才得以吃饭，我们聊了会儿，她好可爱哦，超可爱。还分了我一个卤蛋吃。我们在一张桌子上相对着吃饭,边吃边聊,倒像是认识了很久似的。"

慢慢地,口口相传,小区的很多邻居就直接拿着家里的碗到店里来打包螺蛳粉回去吃。因为家里的碗大,可以多装些汤,还有些直接拿来两个碗,另外装一大碗汤回去煮面条吃。"因为你家的汤真的好鲜啊,我家老人不吃米粉,我把这个汤拿回去煮面条给他吃,赞不绝口!"刚开始的时候我们小店的顾客还是以广西人为主,后来慢慢地辐射到了周边的所有人。可见消费者不是天生的,而是一步一步变成的。比如螺蛳粉里加肥肠,其实刚开始在广西很少有人这样吃的,但北京人爱吃卤煮啊,我们当时也是为了迎合当地市场,推出了肥肠螺蛳粉,想不到特别受欢迎。

慢慢地,因为微博的大力宣传,引来了很多名人大腕、美食评论家,生意也越来越好。慢慢地,我也忘记了自己还是一个作家,我只想尽职尽责、尽心尽力经营好这个小小的螺蛳粉店。只有这样,我才对得起店里这三个无怨无悔陪着我一起吃苦受累的螺蛳粉合伙人。

大概三个月之后，我们的投资全部收回成本。我把借来的钱也一一还了。又给店里增加了三个新的员工，大家的工作更加积极起来。

我们开业那会儿，还没有美团和饿了么外卖，如果附近有学生和居民点了外卖，都是我们自己骑着小电驴去送。闹闹经常跟我们讲一些店里的趣闻："刚才接了一个电话，问中才送外卖吗？我心想，这肯定是才哥的粉丝吧，还指定要他去送外卖呢，还是个女的。我本来挺吃醋的，但顾客至上，我也没办法啊，我只好说送啊送啊，中才天天送外卖呢，不过你指定要他送的话，估计要等一会儿，因为他刚刚出去给别人送外卖了……那人一听，蒙了，连忙说，不是不是，我不是指定要谁送外卖，我也不知道外卖员的名字，我是说，我在中央财经大学，简称中财，你们可以送外卖到我们学校吗？"

我们店周围的大学挺多的，大学生又喜欢上网，所以通过微博看到我们店的人也挺多，点外卖的也不少。尤其到了冬天，大家都不太愿意出门，外卖越来越多，我常常在北京寒冷的冬天骑着小电驴在那些著名的大学里穿梭。心里在想当初我考不进来,如今以送外卖的名义来参观参观也是不错的,为莘莘学子提供一份美食也颇有荣誉感。

当然,我也因为迟到被退过餐,尤其是在附近写字楼上班的白领们,他们上班的时间比较紧迫,过了吃饭的点就不能用餐了,所以迟到太久的餐只好退了。我当然不会怪罪他们,我手捧着被顾客退掉的螺蛳粉,怕浪费食物而坐在路边,就着北京冬天的寒风吃光一大碗,因为一直忙碌而饥肠辘辘的我终于吃饱了,暖和了,赶紧把车推回去充电,准备下午的外卖。你总会遇见一些这个世界上不美好的事情,然后想办法让它美好起来。

很多人问我,去卖螺蛳粉觉得委屈吗?说实话,如果不是和闹闹在一起,我肯定觉得委屈。现在当然不会,因为我真正地体会到了闹闹说的职业没有高贵卑微之分。人贵在不卑不亢,只要自力更生就应该受到尊重,只要你全心全意投入工作,一定会乐在其中。

更何况,我们还有梦想。

记得有一天晚上十点多了,我们正在收拾东西准备打烊，一个高个子的北京大姐风风火火地闯了进来：

"哎呀，老板，先别关门啊，我一朋友正赶来呢。我可是千里迢迢请他来吃传说中的螺蛳粉先生的。"

"你朋友到哪了？"

她赶紧拿起电话拨号："喂喂，哪了哪了？快点儿快点儿，要打烊了。还有十分钟才到啊？"说着她放下电话，对我喊了一声："老板你千万别关门啊。我们朋友十分钟就到了。"

"好的，那我们再等一等吧。您看想吃点什么要不要先去点单，我们先给您做。"

"嗯。不过我想先上个厕所。老板你家厕所在哪？"

"店里没厕所哦。本来旁边有公共厕所的，但现在也关门了。"

"啊，店里没厕所，公共卫生间关门了？那咋办？人有三急啊。"

"要不，我带你去我家上厕所吧。"

"啊，去你家，也行也行，反正还有十分钟我朋友才到。"

于是我领着这个北京大妞屁颠屁颠地到了我家，她还不忘夸我："咦，你们租的员工宿舍？挺漂亮啊，房租得不少吧？说明你们的生意很好，今晚来对了。"

如厕出来走到店门口，大妞电话响起。

"到小区门口了？叫司机开进来。啊？什么，你已经下车了？那你等着，我接你去。"说着大妞放下手机，指了指我停在店门口的外卖车："老板，借自行车一用。"

"等等，这是电动车，你开过吗？"

"没啊，不就当自行车使吗？钥匙呢？"

"算了，还是我去接吧。我轻车熟路的比较快。"

"好好好。"说罢她先坐上了后座。

我一愣："你都坐上了，待会儿你朋友坐哪？"

"是啊。"说着她跳了下来，想想不对，又跳了上来，又一把拉着我，"不行啊，老板，你自己去接她你又不认识她，她也不认识你，找不到人啊。"

我想了想，指了指旁边的三轮车说："你下来，咱开三轮车吧。"

"好呀。"她跳下电动车又跳上三轮车，"这太好了！"

  我插上钥匙，启动平时用来采购的三轮车，往小区门口开。她大叫："啊，这玩意儿也电动？好先进啊，啊，你家用来买菜的？"她大笑，"白活了十几年没坐过这玩意儿了，过瘾过瘾，这玩意儿晚上兜风爽啊，哈哈哈。今晚没白来。"

  接得她朋友入座，两人已经笑得花枝乱颤："据说你们店第一霸气的是肥肠螺蛳粉，来一碗！"

  "第二霸气的是啥？啊，老友粉，是吃了就会变成好朋友吗？这个好！来一碗来一碗。第三霸气的，卤味拼盘？来一碗。吃不吃辣？巨辣，巨辣。哈哈哈，太好了！尽管上吧，吃不完打包！"

  哎，看着她俩大快朵颐，还不断地点头称赞，就像我小时候看着砖厂那两头水牛，吃到田埂侧面那些青翠欲滴的青草一样，一种莫名的幸福感就这样弥漫开来。那一刻，我真真切切地体会到了，开一家如此微小的螺蛳粉店，除了赚钱，还有一份更深层次的满足感，那就是因为你的工作让别人感到开心。

  北京开两会那阵子，我的研究生导师作为代表来北京开会，他突然打电话给我，说听同学们说了我在北京开螺蛳粉店的故事，想到我店里坐一坐。我心想，我这小店的知名度也够大的啊，正好我当时在附近送外卖，于是骑着小电驴兴高采烈地去接他。结果老师看着我冻得红肿的脸，开着破旧的小电驴，迟迟不敢相信这是他三年前的学生。良久，他坐在我的小破车后面，深深地叹了一口气："你还没买小轿车啊，我看你还是别卖螺蛳粉了，跟我回广西吧，有很多单位需要人啊，我帮你推荐推荐，你现在开个小店一碗一碗卖螺蛳粉，啥时候是个尽头啊……"

可是亲爱的老师，你永远不会知道，当我把一碗碗滚烫的螺蛳粉送到顾客手中的那种欣慰；当我用三轮车载着两个北京大姐往店里赶，她们兴奋地在我的车上手舞足蹈，大声欢呼，此时我的心里有多美妙；当我看着顾客们一边大快朵颐，一边由衷地在电话里跟朋友说"你一定要来尝尝"的那种喜悦……我当时就在心里告诉自己，就算我回广西了，我也不会从事其他工作。我觉得，我应该通过螺蛳粉把这份简单的幸福和快乐传递给更多的人。

2010年到2011年，越来越多的人通过微博的宣传来我家吃粉。闹闹则以收银姐姐的身份广受大家的喜爱。她快言快语、真诚又坦率，她心思细腻、善良而活泼，并且总能记住老顾客的口味。好多顾客因为喜欢她，每次来都给她带礼物，巧克力、她老家的玉林牛巴、糖果、麻花、盆栽等等。还有人画了漫画来送给我们，我现在注册的商标头像就是当年中央美院的姚姚小云帮我们画的。

收银姐姐收养过一只流浪猫和一只流浪狗。在微博上拍照分享着它们的动态，然后就有人送来了猫粮，有人送来了小狗的衣服，而我们也在小狗病的时候花了员工一个月的薪水让它住院。因为它承载了太多的爱，这个小小的店里，让我看到这个世界充满温暖和爱意。

有的顾客还在微博上留言："温柔可爱活泼大方的收银姐姐，看到你我就要多吃两份哦。"收银姐姐面对各种各样的顾客有一套高效点餐的方法，她说爱点头的好好先生，一般都有选择恐惧症，千万别让他选择，直接给他推荐最好吃的，火速帮他下单就行，因为还有更多的人等着我去下单呢，我才没有时间去等他选来选去呢；外表强势选东西很快的人，一定要顺着他的意思，要称赞他的选择，这样即便他点到不适合自己胃口的东西他也会开心地吃光光。众所周知，我家的座位总是不够用，一旦出现有人端着粉找不到座位，而有人吃完好久了还占着座位聊天的时候，收银姐姐就跑过去，可怜巴巴地说：求座位……更厉害的是，收银姐姐居然可以让某些公司的老板开着奔驰帮我们送外卖。有个典故是这样的，那天附近有个公司的老板来吃粉了，收银姐姐认识他，正好他们公司的员工点了好几份外卖，而我们的外卖员都没有回来，收银姐姐看到那个老板吃完了，连忙跑过去说，麻烦您了，顺便把您公司员工的午餐带回去吧。于是，第一次有了奔驰大哥免费帮我们送外卖一说。

有人对收银姐姐说，那么多明星来这里吃粉，你怎么不跟他们一一合影留念呢，这样将来还可以挂出来做宣传呢。在这一点上，收银姐姐就显得没有那么张扬了。

她说："我觉得还是不要打扰人家的好，随便去跟人家合影的话，人家并不一定会乐意的，很多明星只是想避开平日的喧嚣，来这里安静地吃个饭，你要是想拿来做宣传的话，没有征求别人的同意，那更不行了。"她顿了顿，接着说，"不过，要是碰到真心喜欢得不得了的，我就会默默地等他吃完东西，然后再紧张兮兮地跑过去要他帮我签个名。"说完，她心满意足地笑了起来。更夸张的是，有一次收银姐姐看到她最喜欢的名人来了，居然吓得她躲进厨房不敢出来点餐了。后来还是马大姐出来帮她点的餐。这事让我乐了好几天，心里想着，原来你也有这么胆怯的时候啊。而这个让收银姐姐胆怯的明星到底是谁，我现在都还不知道，那天我正好出去送外卖了，回来的时候，明星已经吃完粉回去了，我问马大姐，刚才你给谁点餐了，马大姐呵呵一笑，来我们店的明星多了，我哪知道啊。

有时候马大姐手一抖，给客人做的螺蛳粉太辣了，收银姐姐看见人家吃得眼泪一把鼻涕一把的，就会免费送他一瓶北冰洋，并拿个小碗给他，告诉他把辣椒油用勺子舀出来，再给他加一碗不辣的螺蛳汤。

话说有一次，我送外卖回来，肚子饿了，煮了碗螺蛳粉犒劳自己，结果吃了一半，顾客打电话来说找不到地方，我赶紧放下筷子去给顾客带路，结果回来一看，我那还没吃完的半碗螺蛳粉不见了，只见收银姐姐在那哗哗哗地擦着桌子。

"这桌上的半碗螺蛳粉呢？"

"我倒潲水桶了，怎么啦？"

"哎呀。这是我的工作餐呀。我还没吃完呢。多好的汤啊，花生米都还没吃到一半呢。"

"哎呀，我哪知道啊，我以为是顾客吃剩的呢，顺手就给收走了。"说着她又麻利地去收其他桌子去了……

"太心痛了……"说完这四个字，我突然意识到，与其心痛那半碗被倒掉的螺蛳粉，更应该心痛的是眼前这个娴熟地擦着桌子的收银姐姐。看着她一路小跑的样子，把桌上的剩汤水倒进潲水桶，然后习惯性地在围裙上擦擦手，我想起了卓别林，他是见到螺丝就去扭，收银姐姐则是见到空碗就去收……只有这样争分夺秒，等下有客人来了，她才有时间给客人点单。

"我可以在办公室里写稿子,也可以在小馆子里擦桌子。"这是收银姐姐说过的话,现在被她演绎得淋漓尽致。

越来越多的人喜欢我们这个寒酸的但有人情味的小店。但也因为螺蛳粉的味道实在太大,而我们的营业时间又长,附近一栋居民楼有人打电话到工商局投诉了我们,毕竟我们是在小区里经营,不能扰民。有关部门派人来检查了,当时我很担心我们这个小店开不下去了。于是我们停业了一天,买了很多西瓜,挨家挨户登门道歉,承诺立即整改,将排风系统做得更好,晚上十点以后绝对不在外面的空地上摆桌经营,以免影响大家的休息。这样一来,好心的邻居看到了我们的真心实意,也感受到了我们做生意的不容易,居然主动撤诉了。

整改完厨房和抽风系统之后,为了让大家尽量别去室外用餐,我们把菜市场这一整排的铺面全部都租了下来,店里的面积一下翻了三倍,座位再也没有那么稀缺了。但天气好的傍晚,大家还是喜欢把桌子椅子摆到对面那些大大的槐树底下,享受着大自然包厢特有的气氛。吴虹飞经常带着她的"幸福大街"来这里弹吉他,电影学院导演系大四的学生来这里拍起了实习电影,但我们遵守着我们的承诺,晚上十点以后只在室内经营,绝对不影响居民休息。北京电视台的美食记者们也接踵而来,各种采访报道自发地帮我们宣传起来。《舌尖上的中国》总导演陈晓卿老师也来了,影评家程青松也来了,歌手李健也来了……

闹闹说得对,这时候,一些投资公司也来了。前前后后不下十家,有天使投资的,有专门做餐饮投资的,还有一些投资中介。但我却一一拒绝了。因为我发现所有的投资方都不爱吃螺蛳粉,跟我大谈特谈投资理念。我和他们谈不到一个频道上去,他们无法真正理解那种除了赚钱以外的工作所带来的快乐,他们永远不可能像闹闹一样跟我一起破釜沉舟地沉醉在这份发自内心的快乐里。

"当然,你不能怪人家投资公司,我之前也不爱吃螺蛳粉的,也是跟你开店以后才爱上的。再说了,人家投资肯定是为了赚钱的,这是资本的定律,不可能是为了你的情怀和理想。"闹闹说。

我想想也是，毕竟，连我的大学老师都不能体会我的快乐。

闹闹除了养成了爱吃螺蛳粉的习惯，还养成了雷厉风行的习惯。

时间过得很快，我们的小店一转眼就开业半年了。从2020年7月，很顺利地来到了2011年1月。

2011年1月26日，小店准备放年假过春节，我在微博上写了年终感言：

我要感谢新浪微博让更多的人知道螺蛳粉先生。我不会忘记在寒冬为新浪的小动物们送上一碗碗温暖的螺蛳粉。我翻过车，风吹出了我的眼泪。我因为迟到而被退过餐，但更多的是大家对我的包容。正因为大家的那份期待，我每天早晨都充满了动力。我爱你们，新浪的小动物们！

我要感谢吴虹飞。是她让这个小店充满了文艺的味道。我还要感谢所有来本店用餐的朋友。是你们用自己的力量在传播着这个小店。是你们让我丰富了自己的人生。你们就像电影的慢镜头,让我记取了许许多多瞬间的美好……

有人在这里哭过鼻子,有人过起了生日,有人为朋友饯行,也有人举行了婚礼,还有人把自己的喜怒哀乐寄托在了微博墙上,更有甚者从其他的城市飞过来吃上一碗……所有这些都让我的心里流出了一股股暖意。为此,李开复老师也在《微博改变一切》这本书中推荐了螺蛳粉先生。

我们收养过一只叫猪猪的流浪猫,收养了一只叫毛毛的流浪狗。虽然猪猪因为毛毛的到来而离开。有人送来了猫粮,有人送来了小狗的衣服,而我们也在小狗病的时候花了员工一个月的薪水让它住院。因为它承载了太多的爱。这个小小的店里,让我看到这个世界充满温暖和爱意……

第五章/多年以后,你会不会
　　　想起这样一个夜晚

那时我们在北京,时值秋季。在螺蛳粉先生家门外的空地,支上桌椅,就着灯光和月亮,叫上三五好友,来一碗火辣火辣的螺蛳粉。

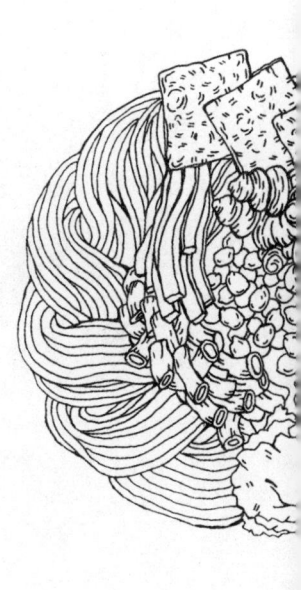

2011年春节前,我把老妈和幺妹也接到了北京,打算一家人在北京过年。以往我们都是回广西西林过年,因为我妈妈在西林住。如果妈妈在北京过年的话,我们兄弟姐妹几个肯定也是一起在北京过年的,一年到头,全家人也就过年这几天能团圆在一起。尤其是我,基本上都是常年离开家在外面的。

年底我们全家聚在了北京,螺蛳粉店也放假了,打算好好过个年。闹闹则按照她爸爸的指示回玉林过年去了。

但她刚到家没多久就打电话告诉我,她家长要见我。我一听,挺高兴的,最起码闹闹主动把见家长这事提上了日程。要不是我全家人都来北京了,我本应该之前就随她回玉林的。但我转念一想,其实又挺没底气的。当然这是迟早的事,我只是想,如果能晚一点去的话，我的经济条件会更好一些。我也会更有底气一些。当时的我完完全全就是一个穷小子，螺蛳粉店从开业以来才半年的时间，好不容易还了借来的本钱，又没剩什么积蓄了。

去到闹闹家的时候，还有一个星期就过年了，非常喜庆，他们一大家人，伯父叔叔姑姑姨妈舅舅，还有奶奶，都赶过来一起吃饭，客客气气地有说有笑。

初来乍到的我又不知道该说啥，反正一副憨憨的样子，并且第一次以见家长的身份出现在众人面前，仿佛脱光了衣服站在那，免不了有些紧张，在她家待了一天就回北京了。

快到春节了，北京成了一座空城，外来人口都已回乡，大街小巷的饭馆也都关了门，做服装、鞋帽、五金等生意的街边小店清一色门窗紧锁。大学校园里一片寂静。北京城里交通不再拥堵，道路宽敞而空旷，路上车辆不再拥挤。公交和地铁里，很多座位都空了出来。街道上挂了些红色的大灯笼，增添了一些过年的气氛。

那个新年是充满忐忑的年。我想着年后大家早点开工，好好地奋斗一年，争取再开一家分店，然后买一套大大的房子，写上闹闹的名字，正式向她求婚。毕竟我已经三十岁了，早就该结婚了。

我早早就给她订好了大年初六回程的机票，一天天为她的到来数着日出日落。

大年初五那天，她给我打电话了："对不起，麻烦把机票退了吧，我不去北京了。"

"什么？"

"我什么都可以不听我爸妈的，唯独这件事一定要听。我们只能走到这里了，以后再也不要联系了。再见……"

天塌了！我突然觉得眼前一片漆黑，整个世界都塌了下来，这比我之前的任何一次挫折和失败都要来得剧烈，人生最大的失败也莫过于此了吧。如果她不来北京了，我在这待着还有什么意义？我甚至在想，活着还有什么意义？

我捧着手机，看着窗外那些落得一片叶子都没有了的杨树，眼睛越来越模糊。我明白，在他们全家二三十双眼睛的考察之下，我失败了。是啊，人家凭什么把这样一个集万千宠爱于一身的独生女嫁给我这样一个三十岁了什么都没有的 loser？她肯定已经和父母据理力争过了，她的内心肯定也充满了矛盾，做了很久的思想斗争，最后还是服从了她的父母。所以直到最后的时刻才打电话告诉我，让我退票。

　　好吧。无论如何，我要谢谢你，谢谢你帮我渡过创业的难关，教会我怎样去面对人生的低谷，虽然你给我挖了一个史无前例的谷底，谢谢你教我怎样苦中作乐，不卑不亢地做人做事。谢谢你告诉我，没有必要让所有人都了解那个真实的我，但一定要做一个踏实的我。是的，爱情不是我的全部，还有一大家子人等着我吃饭，还有我的所谓的事业千万不能夭折。店里马上就要开工了。我叫幺妹先顶上收银姐姐的位置，让马大姐安排大家正常开工，让老母亲帮忙洗碗打杂。我把自己关了起来，写了一封邮件给闹闹：

　　从2009年认识你到现在是两年零七个月。很庆幸这一路有你陪着走来。但我没有想到，有一天你会离开。就像我没有想到我们的项目会失败一样。项目失败了还好，因为那时候有你在，其实它已经通过另一种方式在延续着。你用自身的行为告诉我，什么叫作坚强，什么叫作担当，什么叫作善良，什么叫作本分。现在你不在了，但愿我能学到你身上这些闪闪发亮的品质。我给你写这封信，只是想告诉你，我会尊重你所有的决定，我觉得，听你的话准没错，甚至经营着这个小小的螺蛳粉店，也是你帮我做的决定，不是吗？我觉得你跟很多优柔寡断的女孩子不同，你有自己独到的价值观和世界观，所以不管你是否选择和我在一起，悉听尊便，绝无半点怪罪的意思。同样，我也会尊重你爸爸妈妈的选择，即使我们只有一面之缘。无论如何请放心，螺蛳粉这个小店我会一直开下去，因为它是你支持我的见证，不仅如此，它还拯救了我的家庭……

这么久以来，我都没有跟你说过我的家庭，因为在你的家庭面前，我觉得有些自卑。所以你的家人看不上我，也是情有可原的。我不会怪任何人。两个人谈恋爱要结合成一个家庭，就不是两个人自己的事了，它牵涉着两个人彼此的身世背景。早点过去见见你的父母也是对的，他们有他们衡量的标准，比如我的相貌、身高、谈吐、举止、学识、性格等等。我相信，他们做出这样的决定，不是草率的，肯定有他们的原则。因为毕竟在此之前，他们也知道你对我是认可的。没有充分的理由他们也左右不了你的决定。这不是简单的"父母决定"封建思想。你的父母也只是为了你更好罢了。也请你不要怪罪他们。

我的家人这几年你都看到了，大家都很喜欢你。我父亲在我认识你前两年就去世了。我敢肯定，要是他认识你的话，也会喜欢你的。我的父亲一辈子都在奋斗，但我觉得他并没有能够给我一个真正的家。我这么说没有怪他的意思，相反，我很尊重他，毕竟对他来说，一个饥饿年代走来的人，一个小学都没毕业的人，能把四个小孩都养大成人，还供其中三个孩子上大学已经非常了不起了。从我们的父辈开始，就有着很大的区别，你的父母亲安分守己，是令无数人羡慕的国企职工，响应当时独生子女的政策，只生了你一个小孩，家庭条件那么优越，并兢兢业业地努力着营造一个幸福美好的三口之家，使得你从小养尊处优。而我的父亲母亲就野蛮多了，本身他们都是农民，又常常与政策脱节，也从不规划自己的人生，生下我们兄弟姊妹四个也不管能不能养活。因为超生的小孩都没有分到田土，所以父亲只好外出谋生，卖苦力养家糊口。

我觉得自己是中国式的吉卜赛人。没有人像我一样对家充满渴望。很小的时候父亲就把我们从湖南带到了广西，住在砖厂的棚子里，没有家。若干年后，父亲在小镇上建了一栋房子，但舍不得搬进去住，租给了别人开旅馆，慢慢地成了妓女和嫖客驻足的地方，乌烟瘴气。我讨厌那个地方，发誓不要回去。于是努力地读书考学，甚至努力写作，努力创业。只想给自己安一个温暖的家。你认识的正是这个时候的我。从我生病你来照顾我的那个时候起，我就把你当成了我家里的女主人，并且一直朝着这个方向在不断地努力。

对。就像你曾经安慰我一样，努力了也不一定有收获，问心无愧就好了。

看，你已经把我训练出来了吧，我已经会面对人生的各种苦难了。

我们都要勇敢地放弃一些东西不是吗?我相信你,以你的性格,永远都会有新的收获和成就……

再见了,我亲爱的收银姐姐,再见了我亲爱的可以写稿子也可以擦桌子的服务员……

写到这里,我眼角的泪水喷涌而出,哇的一声大哭起来……

痛哭流涕之后,我深吸了几口气,擦干眼泪和鼻涕,我心里舒坦多了。

发完邮件给她,我又发了一条短信给她:请把卡号给我,去年剩下的钱,有一半是你的。

幺妹打来电话问我收银机操作的事,开业之前店里要做的事情太多了,我回到店里去处理各种小细节,忙碌转移了我的忧伤,工作使我很快就进入到忘我的境界……

然而,万万没想到的是,第二天螺蛳粉店开业的时候,闹闹居然以收银姐姐的身份出现在了收银台!

我的天哪!

她下了飞机直接拖着行李箱就来上班了!

人生的大悲大喜莫过如此了吧?

我猜是她爸爸看到了这封邮件。她说不是,她爸爸过完年去三亚了,才没时间理她。

我说那是你突然醍醐灌顶了?她说也不是。

我吓了一跳,难道你是回来整理东西打道回府的?

"哈哈哈……"她笑得花枝乱颤,"谁告诉你那些钱只有一半是我的?全是我的,知道吗?"

"知道啦,连我都是你的。"

"哈哈哈哈。你呀,可真要好好感谢我奶奶!"

原来那天闹闹看了我的邮件之后,在房间里哭鼻子,奶奶问她哭什么,闹闹就把邮件给她奶奶看了。她奶奶八十多岁了,天天有读书看报的习惯。所以那天一口气就把我的邮件看完了,然后摸着闹闹的头,郑重地说了八个字:你去吧,奶奶支持你。

"然后我就飞来了,要知道,我们全家二十多个人,没有谁敢不听我奶奶的。当时他们讨论要不要跟你在一起的主要原因是北京太远了,他们不舍得我离家太远，我爸妈就我这么一个女儿，他们想要我在他们身边生活，刚开始我说去北京工作他们都挺不愿意的，现在还要嫁给在北京创业的你，那肯定以后基本上就是在北京安家了，那样的话，以后一年可能也就见一两次，太难受了。最好嫁在玉林或者南宁。你也别想太多啦，我家人对你还挺满意的，说你厚道老实，除了个子矮了点，穷了点……"

我还能说什么呢？这就是所谓爱情事业双丰收吗？说多了变成秀恩爱了……我只能闭嘴干活了，心里想着，那我们尽快在南宁买套房子，去南宁结婚吧。也算是对闹闹的父母和奶奶有个交代。螺蛳粉嘛，应该哪里都可以做的不是吗？届时店里人手够了，我就可以带你去任何地方了不是吗？

那一年春天，店里增加了弟弟、弟媳还有幺妹和妈妈（幺妹当年还在读大学，寒假来过年的时候顺便来帮忙），店里人员比较充足，我们也增加了另一个广西特色米粉老友粉。有时候螺蛳粉吃腻了，吃碗老友粉也是一个不错的选择。因为人的味觉会有疲劳感。老友粉和螺蛳粉对我来说，就像鱼与熊掌，我都爱。但老友粉就厨房出品的速度来说，单碗出品的时间会更久一些。

关于老友粉，有个传说是这样的：二十世纪三十年代，南宁中山路，一老翁每天光顾周记茶馆，有几日因感冒未去，老板念之，便将爆香的蒜末、豆豉、辣椒、酸笋等煮热面条一碗与老翁送去。热辣酸香的面顿使老翁食欲大增，发了一身大汗，感冒痊愈。事后老翁感激不尽，书赠"老友常临"的牌匾与老板。"老友粉"由此得名并名扬八桂。

自从我们推出老友粉以后，很多广西老乡，尤其是好不容易驱车几十公里过来吃粉的老乡，就双管齐下一次点两碗粉——一碗螺蛳粉，一碗老友粉。吃罢摸着圆鼓鼓的肚子直呼过瘾。

有些顾客吃完还要打包一些螺蛳粉的原材料回去保存在冰箱，第二天在家里自己煮来吃。这种做法我们叫"生粉打包"。具体是这样的：米粉不用煮，直接用袋子把泡好的生米粉装起来，再装一小盒配菜，装配菜的时候要注意，把花生米和腐竹单独装，因为这两样是脆的，放在其他的配菜里会回潮导致口感不好，其他的配菜可以混在一起装起来。然后再配一小盒辣椒油，一把不用煮的青菜，最后再用餐盒装上一大碗螺蛳汤，这样一碗生粉打包的螺蛳粉就准备好了。顾客带回家放在冰箱保鲜冷藏，可以保存三天左右。想吃的时候就拿出来，把螺蛳粉倒入锅里加热，水烧开后倒入米粉，煮一分钟左右把米粉煮熟了再加入青菜和其他配菜，淋上适当的辣椒油就可以出锅了。这样做出来的螺蛳粉跟我们店里做出来的味道是一模一样的。并且，自己在家吃的话，还能随心所欲加自己喜欢吃的小菜。

当时北京的螺蛳粉店少之又少，整个北京的螺蛳粉店不会超过十家，外卖也不发达，很多顾客都是远道而来的，所以在店里吃完以后再采用这种"生粉打包"的模式带几碗回去的顾客非常之多。远一点的还有打包到天津的、到沈阳的、到大连的。他们只要当天能回到家，把"生粉打包"的螺蛳粉放入冰箱，接下来的两三天再吃都没问题。这对于很多顾客来说，确实是很方便的。对于我们这个天天排队等餐的螺蛳粉小店来说，也大大提高了我们单位面积的营业能力。

"生粉打包"是我后来萌发在淘宝上卖螺蛳粉做电商念头的主要原因。

时代变化太快了，现在大家坐在家里动动手指就能点上各种各样的外卖，那时候互联网的社交媒体还没有那么发达，我们还在用风靡全国的苹果3，要点外卖只能打电话，我们接不过来的时候才搞了微博私信点餐，要送外卖也只能我们自己派员工去送，我记得到2012年年底的时候，我们店里的外卖员就多达十几个，外卖一天都要卖四五百碗。后来才慢慢有了"开吃吧""饿了么""美团外卖"的兴起。他们对外卖行业的整合才使得"外卖小哥"成为像"快递小哥"一样特色鲜明的、广为人知的职业代名词。

我记得当时还有一个叫"黑板报"的新浪网友，也是我们的广西老乡，他每次来店里不仅要吃两碗粉，还要加很多的配菜。在他的建议下，我们添加了一些具有广西特色的配菜，比如七寸（先卤后炸的大肠头）、炸蛋（鸡蛋用打蛋器打出泡沫，倒入油温在一百五十摄氏度以上的油锅，炸至两面金黄）、带皮鸭脚、虎皮猪脚、脆皮锅烧等等。我们还推出了一些独立的菜品，比如酸笋炒牛肉、紫苏炒田螺、老友花肠、油泼花蛤等等。

这样一来，店里的特色菜品越来越多，生意越来越好。在那个互联网的石器时代，在全国人民还不怎么知道螺蛳粉的时代，还都是以广西老乡来店里吃螺蛳粉为主，那时候我们利用生粉打包和丰富菜品的业务把店里单位面积的营业能力做到超过了麦当劳的水平（这是一位投资人后来根据我们的营业额和店面面积测算统计出来的）。

于是，我们员工的伙食也得到了大大的改善。我个人最喜欢的是脆皮和七寸，我从小就爱吃肥的腊肉，喜欢油脂丰厚的东西。脆皮酥脆肥美，高温油炸后多余的油脂会溢出，一口咬下去，唇齿间尽是香脆；七寸是精选的大肠头，肉很厚实，肥而不腻，酥而不软。这两样东西加在螺蛳粉里，配上酸辣爽口的螺蛳汤，真是百吃不腻。尤其是辛苦劳累一天以后，一边听收银姐姐在旁边点钱，一边给自己犒劳一碗这样的螺蛳粉，瞬间得到极大的满足感。唯一不好的是，我的体重在这段时间不知不觉地猛增起来。

更加奢侈是，因为我妈妈的到来还经常给我们做点私房菜。我妈妈了解我的胃口，知道我小时候就爱吃腊肉。她没事的时候，自己晒了一些萝卜皮，常常做萝卜皮炒腊肉犒劳我们。这个菜是最下米饭的，所以我有时候刚吃完螺蛳粉又要吃一碗米饭。油滋滋的萝卜皮嘎嘣脆。记得我上高中的时候，寄宿在学校，妈妈怕我伙食不好，我每次回家她总给我准备一大罐萝卜皮炒腊肉带回学校吃，然后被舍友们一扫而光。每每回忆起这种狼吞虎咽的场面就觉得美味不过如此。

营业额创新高的时候，我还会买榴梿给大家加餐。大家都忙得不亦乐乎，忘记了什么叫作休息。

如果你觉得快乐，那么时间一定也是过得很快的。店里的生意一直很好，每天都要排队到很晚，从春天一直到夏天都保持着这种状态。

那年春天，小宽胖老师在《新京报》上发了一篇文章《寻找最给劲儿的十家街边小馆》，让我们成了北京十家街边小馆之首。

那年夏天，《北京社区报》的记者陈瑾来店里吃粉，闲暇时我们聊了很多，从中午的饭点一直聊到晚上的饭点。几天后,她写了一篇关于我的文章《美食作家,微博力挺广西小吃》刊发在《北京社区报》上。

正如《北京社区报》所说,那年秋天,我们做了一个很重要的决定,接受了一个朋友的投资。这位朋友是某个上市公司的董事长(应朋友的要求就不透露具体信息了),他纯粹是爱吃螺蛳粉,隔三岔五就会带着公司的同事浩浩荡荡地来聚一次,投资我也是他自己的个人行为,跟他们公司没有关系,所以我只管按我的方式去开店就好了,什么都不用向他汇报,需要钱的时候跟他说一声就好了。他说投资我,完全就是他自己对螺蛳粉的喜爱,同时又觉得我是一个做事靠谱、脚踏实地的人,仅此而已。

这样的投资人我相信没有谁能拒绝吧?我们姑且管这种投资叫降维投资。也就是说,投资人对你是不做任何要求的,投资额度对他来说也就是一点零花钱而已,他也懒得听你汇报工作,你放开手脚按自己的方式去做,他来店里的时候,把最好吃的给他端上桌就行了。

甚至,我们连合同都没有签。他说,没必要啊。

就这样,我们在东三环开了一个分店——螺蛳粉先生劲松店。开业那天,我在微博上发了新店感言:

去年7月25日,螺蛳粉先生第一家店开业。今年7月19日,螺蛳粉先生第二家店开业,为时不到一周年。除掉休假的时间,螺蛳粉先生正常营业328天,收银机统计售出螺蛳粉超过十万碗,员工由原来的四人变成现在的十二人。螺蛳粉先生因为深得广大顾客的喜爱,尤其深得大学生、白领以及文艺青年的喜爱而迅速传开,上过四次电视台(北京电视台财经报道、北京电视台城市报道、河北卫视、中国传媒大学电视台),四次报纸(《新京报》《中国青年报》《北京社区报》《劳动报》)和一次杂志专访(《职场》杂志),并有不少于二十家投资公司及个人有意愿参与螺蛳粉先生的投资。

螺蛳粉先生初涉餐饮行业,能得到这么多朋友的喜爱和关注,深感荣幸,同时也觉得惶恐不安,生怕有一天让大家失望。没错,我之前是个作家,现在也不会放弃写作,虽然我的书不畅销,看过的人不多,也有人觉得我从事这个最底层最不起眼的餐饮服务行业很不值得。但基于我来说，从事哪个行业并不卑微，关键是要认认真真地过好自己的生活，不要对自己敷衍，真诚比什么都重要，去服务别人总比浪费时间来得坦诚一些。我明白，写作养不活我，那我就要把自己调整好，找一条能让自己生存的路。2007年把所有稿费（十几万）拿去炒股，到2008年我去上海工作的时候，所剩的钱只够交一季度的房租。2009年我和朋友拉到了一笔投资在北京开了文化公司，结果不到一年就赔光。工作不易，创业更不容易，物价和房价飞涨，我们这一代人注定是压力最大的一代。我相信和我一起承受着这个压力的人还有千千万，我也相信，你们和我一样，有理想，在创业，在奋斗，在北漂……

所以，我虽然从事了这个最不起眼的行业，但我们的本质是一样的。生活需要前进，也需要沉淀。我觉得自己能走到这一步是幸运的。我辛苦，但我快乐，我把一碗一碗的米粉当作一个一个的文字，每当你们享用螺蛳粉先生的一碗螺蛳粉时，就当你们阅读了我写出的一个个美好的文字。以前我沉浸在自己的文字里，总觉得"一花一世界，一鸟一天堂"，现在却是"一店一世界，一碗一天堂"。我们要兢兢业业、扎扎实实地做好每一件事，熬好每一锅汤，炒好每一个菜。但在这个竞争残酷的社会，我们的力量还是太单薄、太渺小，薄利多销一直是我们的经营理念。所以我们经过谨慎的讨论，引进了投资，即螺蛳粉先生有新的资金进入了。大家有了一个共同的目标，就是把螺蛳粉先生这个品牌做起来。

在新店——螺蛳粉先生劲松店，我们除了保持老店（螺蛳粉先生蓟门店）的品质和口感，也给大家布置了更加舒适的用餐环境，最起码夏有空调冬有暖气，同时能容纳四十多人用餐，不能再像以前一样撑个雨伞支个小桌在室外用餐了。新店的位置经过长时间的考核选择了劲松桥往东的平乐园小区，和老店正好形成一个对角，一个在北三环的西北角，一个在东三环的东南角。这样大家就可选择离自己近的地方就餐，不用千里迢迢地穿越整个北京去吃一碗螺蛳粉了。同时，新店毗邻北京工业大学、中国传媒大学和首都图书馆，在劲松、双井和国贸CBD上班的朋友可以叫外卖，来图书馆借书还书的朋友也可以顺便过来小憩一会儿，交流一下最近借了什么书，谈谈读后感。总之祝大家用餐开心就是了。

螺蛳粉先生在这里感谢大家，感谢喜爱螺蛳粉并推广螺蛳粉的朋友们，感谢新浪微博整个好平台，我们唯一能做的就是把东西做得更好，精益求精。

祝大家开开心心过好每一天，欢迎到家到螺蛳粉先生家做客。最后让我用新浪微博网友@谎蛋派戏剧送给本店的对联作为结尾：室何须大，螺蛳有壳即可做道场；粉务必香，先生用心方能熬鲜汤。

螺蛳粉先生敬上
2011年7月19日

遗憾的是这个店并没有开多久，准确地说，才营业四十一天，2011年8月30日就停业整顿了。主要原因是北京朝阳区在"创建文明城区"，而我们当时租用的是平乐园小区里临时搭建的便民服务点，而这个便民服务点被相关人员扩建成了一个铺面，所以理论上这个铺面是个违建，但这个违建在扩建成之前就把营业执照办好了，连营业执照一起租给我们。所以可想而知，在创建文明城区这个节骨眼上，违建是不允许存在的。

我们因为经验不足，在签合同的时候没有做足功课，所以就算店面被拆除了也没有拿到任何补贴。导致我们这个店亏损比较严重。我把该发的工资给员工发了，该结算的货款给供应商结了，剩下的钱全部转给了投资人。算下来还亏十几万。本来如果能拿到装修补偿的话，应该是不会亏钱的。但那个二房东，把社区给的装修补偿金全部占为己有了，这也怪我在合同里没有把这一条款写下来。

写到这里，大家就知道了。这不是一本行商小说，这是我的亲身经历，所有的美好和丑陋我都没必要掩饰，因为它是真实的、有力量的，是一个作家真实的下海的经历。当时有人在微博上@我，问我是怎么在作家和做生意之间寻找平衡点的，以后是否还会写作，他说很喜欢我写的东西。我当时只能这样回答他："人生总是这样，计划没有变化快。"我心里其实一直都在暗暗告诉自己，我不会停下写作的笔。

劲松店是一个血的教训，我非常对不起我的投资人，虽然他一直在安慰我，告诉我他不在乎这点钱。这导致我后面一直小心翼翼，一个是不敢随便去开店，尤其是不敢让别人来加盟我的店，万一亏了我可不想去面对那些无辜的加盟者，因为亏本的原因千千万。第二是不敢再轻易接受别人的投资，别人越信任我，我就越应该对别人负责任，否则我过不了自己心里面的那道坎。我宁愿自己发展得缓慢一些，也要稳妥一些。

再后来，我碰到了一些更加奇葩的房东。导致我到现在为止，对"房东"这两个字都有阴影。尤其是那些所谓的二房东，专门靠着抬高房租的差价来营生，你的生意一旦火爆，他们绝对不会让你好过的。所以现在很多实体门店，都不愿意跟二房东合作。包括我们后面开新店，基本也是杜绝二房东的。这么说吧，再好的铺面，都有可能会毁在二房东的手里。

对二房东的厌恶，讨厌与各种房东打交道，是我后来萌发在淘宝上卖螺蛳粉做电商的又一原因。

所以每每回忆到劲松店,我们的心里就无比地沉重。关于劲松店,后来陈晓卿老师在《至味在人间》这本书里还专门写到了一些片段:

最初,阿才告诉我,他的小店一天可以卖出三百碗米粉,我觉得是吹牛。后来再去蓟门里小区菜市场边这家"螺蛳粉先生",人山人海,排半天才能吃上一碗,我不得不信了。

湖南青年马中才,曾经是萌芽系新概念作文大赛的一等奖得主,出版过几本小说。然而如果没有螺蛳粉,我可能一辈子也不会认识这位青年作家。阿才很会经营,以我的判断,这家螺蛳粉并不是最地道的柳州味,阿才根据本地客人的需求,做了很多主动的妥协和细微的改良。不过在炖汤的环节上,阿才是一丝不苟的,汤鲜是他们家最大的特色,绝对不放味精,吃完了口不渴。所以,我一直是这家小店的常客,几乎每个月都要去两三次。要不是因为住在东三环,吃的频率可能会更高。

就像猜中了我的心思,几个月前,阿才兴奋地给我打电话，说他在劲松开了个分店，不仅有螺蛳粉，还有酸笋炒田螺。"真的啊？"我听着开心，"这种做法可是典型的桂柳风味哦。"因为就在我家门口，上个月的一个周末，我流着口水，按照他给的地址开车前往。结果找了半天没找到，打电话问，阿才磕磕巴巴地解释说，新店要装修，暂时歇业了。

后来，美食界的一位朋友告诉我，阿才新店关张的原因，并不完全是因为装修，而是朝阳区正在"创文"，创建文明城区，奔国际化大都市走。我说怎么回事儿，家门口我喜欢的几家小店，最近要么关门，要么换上了簇新的塑料牌匾，旁边还都有一个店家"自愿"购置的卡通形象，据说是这次群众运动的形象代言。城市如何发展，我不太懂，但地球上不缺的是钢筋水泥的都市，缺的是人间烟火。城市是人住的，总不能整洁得像医院吧？即便是新加坡那样的医院国家，不是还有牛车水、娘惹街这样充满市井气的地方吗？

……

但我是真心喜欢小店，除了味道，我更喜欢那里的舒适随意的市井气。国庆长假前,和同事又去了蓟门里阿才那里打牙祭,要了炒螺和脆皮下酒,大碗螺蛳粉加豆泡、酸笋和豇豆。桌子支在院子里,旁边路灯杆上贴满了租房小广告,创文的横幅(海淀也创文哈)打着卷儿,知趣地缠在国槐的枝头,晾晒衣服的居民不时从身边穿过……我喜欢在这样的环境里吃东西,微风过处,偶尔飘落几片秋天的叶子,空气里弥漫着酸笋的味道,这是迷人的人间烟火气息。

2011年秋天,螺蛳粉先生诞生了一个店,又消失了一个店,还是剩下原来那个老店。但其中的辛酸苦涩,又岂是三言两语能说得清楚的呢?

2012年,陈晓卿老师拍了一部纪录片《舌尖上的中国》,以轻松快捷的叙述节奏和精巧细腻的画面,向我们展示了中国各地美食的生态。纪录片中说"在柳州当地有一种叫螺蛳粉的小吃……",陈晓卿老师对螺蛳粉的喜爱我是见识了的,他隔三岔五就会来我店里大快朵颐。

2012年的秋天,在螺蛳粉先生两岁之际,终于从蓟门里小区菜市场边上的小门脸搬迁去了蓟门里商业街的正门脸，店面面积也由原来的几十平方米扩大到了一百二十平方米，使得大家有了更好的就餐环境和卫生条件，最重要的是店里还自带洗手间了，再也不用带着顾客去找厕所了。

搬迁当日，也是螺蛳粉先生两周年店庆之时，当天为了感谢各位新老顾客，给每位来就餐的小伙伴们都送了一份猪蹄。"恭喜小店向大店迈进一步。"收银姐姐朝我扬扬眉毛。回想这一路走来的艰辛，我感慨颇多，在微博上写道："多年以后，你会不会想起这样一个夜晚。那时我们在北京，时值秋季。在螺蛳粉先生家门外的空地，支上桌椅，就着灯光和月亮，叫上三五好友，来一碗火辣火辣的螺蛳粉。就着漓泉啤酒，我们一起喧嚣，一起欢乐，一起书写那些肆无忌惮的青春……"

这段文字后来被发行量上百万的《青年文摘》引用，文章的标题叫《文艺青年卖米粉》，刊发在2012年第12期。

第六章/你见证我的成长，
　　　我见证你的青春

这三年来，我们一起吃过的螺蛳粉，记录着我们的成长，见证着我们的青春。

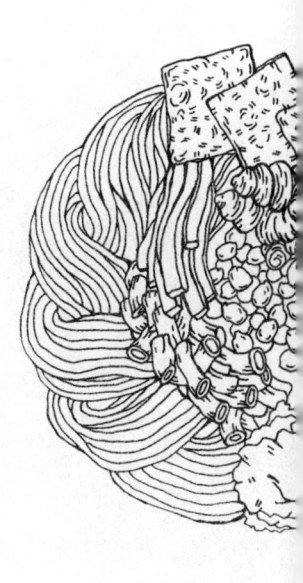

2012年我离开北京的时候,对北京还很陌生。算起来已经在北京待了五年。最早是2007年到北京鲁迅文学院学习,那是中国作协主办的一个青年作家培训班,叫鲁迅文学院青年作家高级研讨班。当时我西大研究生还没毕业,正在做一份关于植物组织培养的毕业论文。我导师知道我对文学的兴趣大于对毕业论文的兴趣,也知道这次去北京学习的机会很难得,毕竟每个省只有一两个名额,由当地作协推荐,中国作协最终筛选录取的一次公费学习机会。所以我的研究生导师给我批了半年的假,让我安心去北京学习,再利用寒假的时间和实习的时间来完成毕业论文,也不影响第二年毕业论文的答辩。可见当时我导师对我的期望值是很高的,打死也想不到我毕业以后会去卖螺蛳粉。

确切地说，这半年的学习对我后面的生活有很大的影响，它使我强化了身为作家的意识，并深知不管你从事哪个职业，都可以成为一名优秀的作家，其实文学就是人学，作家就是思想家。也使得我更加爱惜作家这个身份，对写作也更加敬畏起来。不过那种在大学校园里冒出来的初生之犊的写作冲劲却消失了，但深刻地记得在鲁迅文学院毕业的时候金炳华老师赠给我们的十个字："学习、实践、创新、修养、责任"。首先，我们时刻要保持学习的状态，人只有不断学习，把每一份工作都当作一次学习的机会，才能不断地自我成长，开阔我们的创作思路。二是实践，不管我们从事什么职业，必须深入实际生活，充分认识我们所处的时代，在深入实际中激发创作灵感，积累创作素材，抒发人文情感。三是创新，我们只有不断地创新才具有强大的生命力和活力，文学艺术是最具个性化的创造性劳动。四是修养，作家是人类灵魂的工程师，应该以人品立身，要时刻加强自身的思想道德修养，把美好的精神食粮奉献给人们。最后一个是责任，我们要牢记作家的社会责任和使命，处理好个人与时代的关系，树立正确的、健康的、美好的价值观，始终把社会效益放在第一位。

所以从鲁迅文学院毕业后，我即使没有马上进入文学创作，但在那个春风化雨的环境里，我的创作思维受到了美好的熏陶，潜移默化地养成了良好的思考习惯，也常常会一分为二地去看待问题。在往后的日子里，我即便作为螺蛳粉的推广者和经营者，作为一个基层服务工作者，也不卑不亢，努力地自力更生本来也是值得被尊重的。当然我也不会因此就觉得自己有多高尚，有多伟大，我也要养家糊口，经济基础是我们首先要解决的问题，人饿了要吃饭，困了要睡觉，螺蛳粉为我解决了经济上的困难，不管怎样，我是心存感激的。我爱螺蛳粉的美味，也爱它带给我的财富。后来很多人完完全全按照我的配方去开了店却败下阵来，所以开店这种事情，不是简单的复制粘贴。天时地利人和，很多东西是无法复制的。就比如现在的我，把我的开店经验提炼出来，通过卖螺蛳粉来实践我的人生，写下的这些文字，其实这些都是我的不可复制的人生阅历，都是我对这个世界的实践和了解。它们永远是我的创作素材和情感，给了我满足感和充实感，让我看到了这个社会美好的一面，也体会到了人性不完美的一面。我又想起了在鲁迅文学院记住的那十个字"学习、实践、创新、修养、责任"……我甚至在想，如果不是有鲁迅文学院的那段学习经历，我是否会在后面十几年如一日的螺蛳粉从业过程中遗忘自己作家的身份。

2012年10月9日，我和闹闹回南宁领了结婚证。我们俩都是在南宁读的大学，毕业后我们的户口都留在了南宁人才市场。我在南宁买了第一套房子，虽然不大，写的是闹闹的名字，并且是作为她的婚前财产，也算是我给她父母，还有她奶奶的一个交代。

这一举动也得到了我们全家人的支持。这几年开螺蛳粉店赚的钱他们全部拿出来支持我买房结婚。大家一起共事的这几年，对收银姐姐的贡献也是有目共睹，早就把她当作一家人了。

调皮的吴虹飞发来贺电：恭喜收银姐姐最终把老板给收了。

婚后我们安排好了北京螺蛳粉店里的工作，给店里增加了足够的人手，我和闹闹暂时住在南宁的新家，想观察一段时间，看看北京店里的生意在我们离开以后会不会依然火爆。实际跟我们预料的情况所差无几，毕竟以马大姐为首的厨房团队一直坚持着稳定的出品。但劲松店的拆迁对我的打击还是挺大的，我深刻地感受到，在自身条件不成熟的情况下，千万不要搞什么加盟连锁，甚至再开分店我都有点害怕了，光选址这一项都有可能把你搞死，再加上当时刚买完房子也没多余的钱了，所以那时候的想法是想看能不能把螺蛳粉放在淘宝网上去卖。这样就会大大地降低开店带来的风险。并且自从螺蛳粉在《舌尖上的中国》第一集里播出以后，名气也越来越大了。柳州作为螺蛳粉的发源地，也在趁热打铁大力宣传螺蛳粉。2012年9月30日，柳州国际会展中心举行了别开生面的"万人同品螺蛳粉"活动，让上万名市民和游客同时免费品尝螺蛳粉的美味。

我和闹闹一起亲历了这一欢庆的场面，目睹了所谓"天下第一锅螺蛳粉"的豪迈，据说锅里投入的螺蛳就达到了一千斤！当时收银姐姐激动得像个小孩一样说这哪是锅啊，明明就是一个装满了螺蛳粉的大湖泊啊，用来捞鸭脚的耙比猪八戒的九齿钉耙还要霸气，一耙下去可以耙几十个鸭脚。我们看着游客们吃得稀里哗啦，喝汤挑粉捞鸭脚，声音此起彼伏，真的太有喜感了……

参加完万人同品螺蛳粉的活动，更加笃定了我在淘宝上卖螺蛳粉的想法，并且当天我就给它想好了标题，就叫"坐在家里吃螺蛳粉"。其实这种做法可以参考我们北京店里给客人"生粉打包"的模式。重点是要解决保质期的问题，避免螺蛳粉在邮寄的途中就坏掉了。所以我首先考虑的是直接给顾客寄干米粉，干米粉的保质期一般是十二个月，虽然从干米粉变成可以直接吃的螺蛳粉还需要一定的步骤，但按照操作说明来做还是不难的，最起码在那些螺蛳粉店面还没有普及的地方比你开车大老远去实体店吃一碗螺蛳粉来说要方便很多。然后就是研究各种配菜的保质期。酸笋和酸豆角这些腌制食品完全可以参考涪陵榨菜的做法，真空包装加巴氏灭菌就可以解决。腐竹和花生属于油炸食品，只要水分含量低，通过真空包装也是可以解决的。还有辣椒油和醋，这个本身保质期就比较长的，只要分装好就行了。最难搞的是汤。我们店里熬好的螺蛳汤通常常温放置到第二天就变质了。所以我想，是不是可以把熬汤的这些辛香料和原材料炒制以后给它打成粉末，加入适当的盐和味精，让顾客再煮点排骨汤，这样按照一定的比例也能还原成一碗不错的螺蛳粉了。

2012年的整个秋天，我只记得三件事，第一是我和闹闹结婚了，第二是莫言拿了诺贝尔文学奖，第三是柳州举行了万人同品螺蛳粉的活动。而那年冬天，我只记得一件事，就是老老实实地待在南宁的新家鼓捣如何在淘宝上卖螺蛳粉这件事，连蜜月旅行都没有。直到2013年3月份，我开始在淘宝网上卖那种用干米粉组装而成的所谓袋装螺蛳粉。

那是一个在家里随便炒个小龙虾都能挂在淘宝上卖的年代，没有拼多多，没有闲鱼，没有抖音，大家都集中在淘宝上购物。2013年可以说是袋装螺蛳粉元年。螺蛳粉先生淘宝店于2013年3月18日正式上线，当时还不叫袋装螺蛳粉，而是叫"DIY柳州螺蛳粉"。大部分螺蛳粉的小料采用真空包装，然后再把这些小料集中在一起，放在一个大袋子里再次抽真空。这是小袋装大袋，双重真空保险。我们姑且称之为袋装螺蛳粉的雏形。然后再给每一包螺蛳粉配一份DIY说明书，告诉顾客收到后应该怎样才能做出一碗好吃又地道的螺蛳粉。

因为实体店的名气不小，再加上一些大V朋友对我们品牌的认可，所以淘宝店一开业就非常火爆，根本忙不过来。连快递员都来帮我打包装，当时我非常兴奋，发现一个淘宝店就能做全国生意了，还有一个定居澳大利亚的粉丝，竟然花了1225元的邮费买了27包螺蛳粉。可见螺蛳粉的魅力之大，这更加激励着我在螺蛳粉的道路上勇往直前。

2013年4月1日凌晨，淘宝后台显示已经卖出10086份螺蛳粉。407条评价，评分高达4.9分。这些数据太令我惊喜了。当天我发了一条微博："#坐在家里吃螺蛳粉#螺蛳粉先生淘宝店开业十三天售出螺蛳粉超过10000碗。从现在开始，只要你在中国，坐在家里也能吃上美味的螺蛳粉了，并且还能变着花样吃，爱怎么吃就怎么吃——下图是螺蛳粉先生淘宝店的实物图以及顾客朋友买回去DIY的实物图选编。"顺便把螺蛳粉先生淘宝店的网址做了链接放在微博上。这条微博的阅读量达到了惊人的129万人次。从此大家在网上购买螺蛳粉的势头一发不可收。螺蛳粉先生的淘宝店半年就做到了两个皇冠。

转眼就到了2013年7月，也就是说我们从第一家小店开业到此时已经是三周年了。虽然那年我待在北京店里的时间很少，但却是感慨最多的一年，那年7月25日，我在微博上发了三周年感言：

你见证我的成长，我见证你的青春
——2013年螺蛳粉先生三周年感言

7月25日是值得纪念的日子。螺蛳粉先生三岁了。

一路走来，对于草根一族的我来说，对于三年前那个二十平方米的小店来说，充满了激情、喜悦、苦恼和无奈，也充满了汗水、欢笑、希望和泪水。无论怎样，要感谢所有人，螺蛳粉先生活蹦乱跳地度过了三个美好的童年。在此，准备读幼稚园的螺蛳粉给大家深鞠一躬，谢谢大家的关爱了~同时给大家报个信，螺蛳粉先生在四个月前新添兄弟一枚——螺蛳粉先生淘宝店。此兄弟非常淘气，也非常可爱，受到众多宅男宅女的青睐，出生四个月以来，平均每个月收到的情书一万多封，有来自全国各地的，港澳同胞的，以及海外侨胞的，他们的情书都洋溢着无限的温情，第一个字都是"亲"……

言归正传。

幸好有微博，使得我们的小店有了一个成长的载体，它不仅承载了我们在经营过程中的喜乐，分享和反馈大家在用餐时的各种心情，还充当了店面的大布告栏：新品发布、重要通知、招领启事等等，它还成了顾客第一时间向我们反馈问题的重要通道，更重要的是，它已经成了我们的日记本，记录了这三年来的点点滴滴。累了的时候，回头翻一下微博，大家对我们的期待和笑容，就是我们进取的动力。

让我们一起翻回这本特殊的日记。

第一年，我们是菜市场边上仅有五张桌子的小店面，店里的位置完全不够用，占用着对面的车位，在大槐树的树荫下吹着凉爽的小风肆无忌惮地待到月亮升起。苦恼的是，每到下雨天，大家只能一边撑着雨伞一边大快朵颐。

第二年，我们在朝阳区多了一个分店，可惜不到一年就消失了。拆迁伤不起。好端端的房子前后拆了两次，最后变成了一块绿草地。

第三年，我们是带空调、带卫生间、带大桌、带烧烤、带少量车位的"大店面"，终于不怕城管，不怕工商，安心地做好每一碗粉了。但我还是感到无奈和茫然，北京高涨的房租把部分员工逼到了半地下室。我不知道螺蛳粉先生在北京还能待几年，我一直和十几位员工共勉，只要螺蛳粉先生能待下一天，我们就要好好地干一天，尽力而为，问心无愧。

三年前的我怎么也想不到自己的今天，把副业变成了主业，三年以来没有出过一本书，朋友们都说我胖嘟的脸上透着生意人特有的精神，完全不是当年那个多愁善感的文艺青年。两年前，我一直从事前台的工作和外卖的工作,与不少顾客从陌生人变成了朋友,偶有交流,受益匪浅。前段时间我又回到北京,重做前台,遇到各位老朋友甚是开心,感慨颇多。还有好多"螺蛳粉先生家的顾客",不知道大家是否记得他们。

"资深姐姐"的女儿长得比她还高了,据说考上了清华附中。

"首长同学"貌似有了女朋友,可喜可贺她也爱吃螺蛳粉。

"过午不食美眉"也交上了男朋友,她终于可以先去霸位置让男生排队买单了。

"二号男生"也牵上了小师妹的手,吃罢晚餐两人一起在对面的小公园里溜达溜达再回学校。

"小米哥哥"还是那么大排场,开着越野车带着小米公司的俊男美女围成一大桌吃特辣的螺蛳粉。

"肥肠先生"爱上了我家的老友炒粉,而且都要加双份肥肠,要中辣和特辣之间的那种口味,还要加多多的葱。每次打电话来点外卖都会说:"嗯。我是肥肠先生,今天还是老样子,两份肥肠哦。"

"数田螺的小妹妹"已经去了英国,再也没有在晚上九点半出现在店里,不知道她会不会想念螺蛳粉先生。

那个很喜欢阿飞的小姑娘,还是一样,每年暑假从加拿大回来,仿佛进入了螺蛳粉的狂欢节,隔三岔五呼朋唤友到店里捧场,假期快要结束的时候,更是每日必到,令人热泪盈眶。

住在小区的那位湖南美女怀孕了。螺蛳粉也吃得更勤了,酸男辣女,您这又吃酸又吃辣的,不会是怀了一对龙凤胎吧?

被收银姐姐认出来的那位乐队主唱姑娘,是不是因为喜欢螺蛳粉才搬到我们附近的?以前每周能来一次,现在每周三四次,还爱上了干捞螺蛳粉。

还有新浪的小动物们,周一到周五保持着用微博私信点外卖的习惯;还有电影学院那些未来的明星,总让我们店里划过一道道美丽的身影;还有好多好多朋友,他们搬离了店面的外卖范围,每次接到他们要求送外卖的电话,我们都好为难好纠结好不舍,每次见到他们出现在店里抱怨北京太大了吃个螺蛳粉还得穿越半个城市，我们都很荣幸有这样的好朋友；还有好多好多附近的同学们，他们毕业了，回到家乡，或者是奔赴祖国四方，店里再也没有见过他们的身影。

还好，还好，因为有了淘宝店，让我们又有了新的联系。

这三年来，我们一起吃过的螺蛳粉，记录着我们的成长，见证着我们的青春。

2013年7月25日

正值本店三周年店庆之际，CCTV9纪录片频道《新青年，老手艺》栏目组给我打电话，打算拍一期我做螺蛳粉的纪录片，并且不收任何费用，这样的机会是千载难逢的，我自然是满口答应。后来在拍摄的过程中我才知道，所谓的纪录片是完全没有台词和脚本的。新锐导演罗姗姗是一个刚从英国留学回来的柳州女孩，我们合作得很默契，整个纪录片在当年9月就拍完了，取名叫《我爱螺蛳粉》。但我不知道为什么一直到2016年才播出来。其实那时候的袋装螺蛳粉已经不稀奇了。

这里有必要说一下，正规的央视纪录片其实是不会收任何费用的，甚至连工作人员的差旅费都不会跟你报销。而现在很多骗子公司打着央视的旗号在骗企业的钱，我在后面的几年就碰到过好几家这样的公司，要不是有过这一次拍摄的经历，还真的差点上当了。因为这些骗子公司做的功课非常到位，前期会告诉你是免费的，因为你公司的产品很优秀，才有这样的机会，但最终他们总会找个借口跟你要钱，少则几万，多则几十万上百万。

当然，产品做出来是要经过市场考验的，尤其是在淘宝上销售，我们面对的是一个个不用见面的顾客，自然有人会说我们的螺蛳粉不够正宗。我不会说我做的螺蛳粉有多正宗。很多时候大家说的正不正宗，只是好不好吃的另一种说法。每个人做的螺蛳粉都有其独特的味道，同品牌不同的门店，出品都可能有细微的差异。甚至，一碗螺蛳粉的味道跟你当时的心情还有你饥饿的程度都是分不开的。所以，我们没有必要和每一条评论斤斤计较。有容乃大是我的态度，期待着别人喜欢，但也允许别人不喜欢，我们不能对别人有过高的要求,尤其是顾客朋友,我们只能进步自己。螺蛳粉这几年以来作为一种逐渐自我完善的小吃,也是在传统的基础上不断地变革口味,适应地域,在融合统一中进步的。我们的螺蛳粉基本上是现产现销,更多的是一种为顾客定制的服务,比如这个人不要酸豆角,那个人不要腐竹,这个人想多加一点酸笋,那个人要多放一包辣椒,还有人想把花生米换成小黄豆,我们都会一一满足你的要求。要说到我的螺蛳粉有什么特别的,我想最大的特点就是一份人文主义情怀吧。

2013年,我们初做淘宝,还不知道"双十一"的生猛,因为考虑到平台要求优惠的力度太大了,所以没有报名参加"双十一"的活动。但后来看到2013年淘宝整个平台的"双十一"销售额达到350亿时,我们都惊呆了,其实当天我们的自然流量也增长了好几倍,虽然没报名参加活动,但销售额也是平时的三倍。所以当年的"双十二"活动,我们报名参加了。我记得非常清楚,当天不仅我们淘宝的营业额创了新高,是平时的十倍,还有一件非常重要的事情:我的大儿子出生了！并且和我的生日是同一天：12月12日。这在我的人生中，算得上是一个大喜的日子。

在我大儿子出生的时候，计划生育还没有放开二胎政策，所以当时小孩满月的时候，我爱人跟我说，完成了生娃的任务啦，生娃真的太苦了，这辈子一次就够了。

后来的几年，国家逐渐开放了二胎、三胎的政策，而我们也在计划之内要了老二和老三，直到现在成为五口之家的大家庭。

为什么是计划之内呢？我的二儿子和小女儿应该是我爱人听了我爷爷的故事之后才决定要的。

我爱人嫁给我第十年的时候，我才带她去了一趟我的老家。所以她对我的老家充满了各种想象和好奇，她最好奇的还是我爷爷的故事。

我从小总是以为我家是从蒲公英的花里掉下来的。因为在我老家的那个村里，我家是单姓人家，总是被人排斥。后来我爷爷跟我说，我爷爷的爷爷是个大财主，有很多土地，有很大的四合院，还有四个老婆。那个年代，纳个三妻四妾不足为奇。但他是一个赌鬼，并且他生的五个儿子都是赌鬼，直到我爷爷那一代，家败光了，连土地和房子也输光了。

我爷爷生于1913年，他七岁随着改嫁的母亲去了我们那个叫作坳下村的小村庄，一个位于湖南省隆回县的小村庄。那是1920年，我爷爷的母亲嫁给了我们村一个种玉米的佃户。那年，七岁的爷爷还不熟悉农活，只能给地主放牛。因为爷爷不愿改姓，村里有的人骂他野杂种。那个时代不像如今我们可以在各个城市自由地安家，当时人们一辈子就生活在一个地方，靠山吃山靠水吃水，大家为了生存，有一种排外的本能。爷爷从小勤劳善良，一辈子和土地牲畜庄稼打交道，生得高大健壮，从不惹事，不管别人怎么欺负，他都能忍。

爷爷没有土地，只能给地主当长工，所以我爷爷一直到三十岁了还是单身汉。

那个年代，过了三十岁没娶到老婆就要做好打一辈子光棍的准备了。可我爷爷没有放弃，他每次看见隔壁的老太太挑水就会放下手中的活去帮忙。老太太有个花一样的女儿，平时待在家很少出门，但全村的男人都想娶她。

老太太面对各路提亲的,谁都没有看上。我爷爷当时就算吃了豹子胆也不敢去提亲,他只会傻呵呵地帮老太太挑水,任劳任怨,二话不说。要是哪天在厨房能看一眼梦中情人,整晚就兴奋得睡不着觉。如果爷爷要出远门干活,一定会提前把她家的水缸灌满。

就这样,老太太把自己漂亮的女儿嫁给了我爷爷。

我爷爷当然不傻,他知道只有搞定了老太太才能搞定她女儿。当时哪有"自由恋爱"的说法,女儿要嫁谁,都是老人家说了算。老太太对女儿说,家财万贯不如一副好心肠啊,我看马竹生(我爷爷的名字)啊,靠谱。然后彩礼也没要,就把女儿嫁了过去。村里就开始流传,我漂亮的奶奶是我勤劳的爷爷用一桶一桶的水换来的。也正因为娶走了村里的村花,村里人就更加恨我爷爷。但这并不影响我爷爷的正常生活,所有的疾苦他都受过,家破人亡、流离失所他都走过来了,面对各种各样的欺负挖苦和嘲笑,他听之任之,不卑不亢,仿佛只要能活下去就别无所求。

我想应该是从他七岁那年不愿意改姓开始,心里就有了一种强大的信念在支撑着他。后来我才渐渐明白，那是一种开枝散叶、兴旺家族的信念。接下来的十几年，他和我奶奶陆陆续续生了五个孩子，就是我伯父，我爸爸，还有我的三个姑姑。

从二十世纪四十年代到六十年代，我的爷爷奶奶忍辱负重把五个孩子带大。虽然土改之后，农民有了自己的土地，但孩子太多，粮食也不够吃。爷爷一方面心疼自己的妻子，不让她干活，一方面又心疼自己的孩子，想让他们吃得饱。所以他白天除了干农活以外，晚上还要编草鞋来卖。

当时只有草鞋和布鞋两种鞋，布鞋成本高，又易破，人们舍不得穿出去干活。而爷爷做的草鞋结实耐磨，口碑很快传到了邻近的好多村子，大家纷纷前来定做。自从那个时候开始，我们家的生活才慢慢好起来。我伯父和我父亲飞快地生长着他们的身体。即使这样，他们也免不了经常被村里人欺负的命运。但他们已经不像我爷爷那样只身一人忍气吞声了，他们兄弟姊妹五人同心，对欺负他们的小孩以牙还牙，甚至能把带头的小孩直接扔到河里。当然了，那时候的小孩好像天生会游泳似的，尤其是小男孩，一到夏天就光着个膀子在河边跑来跑去，谁家也没有空调和风扇，不去河里散散热整个夏天就不完整。尤其是我伯父，从小就力大惊人，同龄的小孩没有一个是他的对手，甚至连大他三五岁的小孩都被他一手放翻在地。

我爸作为小弟，从小被我伯父保护着，他是家里最小的儿子，父母和兄长都比较疼他，所以打架基本不用出场。当然了，他年纪小，个子也小，打不过人家。那些被我伯父打过的小孩就一边哭一边拉着他们的父母到我爷爷家闹事，爷爷只好拿出那些漂亮的草鞋来赔礼道歉。后来我伯父上学了，永远都是考第一名，老师也特喜欢他。慢慢地，随着年龄和学识的增长，他不仅力气越来越大，而且引经论典，能说会道。要是小孩拉着父母来我家讨草鞋，他就挡在门口据理力争，说得那些小孩的家长都哑口无言，自觉理亏，也不好意思找村支书来评理，灰溜溜地回去了。

伯父为了让弟弟妹妹能多读些书，自己读到小学毕业就开始干活为家里分担负担了。后来我伯父生了五个孩子，我爸爸生了四个。那时候已经是八九十年代，开始计划生育，我爸爸在爷爷的指导下，排除万难，躲躲藏藏，就算是交罚款，我爷爷倾家荡产也在所不惜。所以才有了我二妹、三弟和幺妹的出生。我爸爸和我伯父从小就被告知，仿佛我家是濒临灭绝的稀有动物，要是不多生几个小孩的话，就对不起我爷爷当年的忍辱负重，到我们这一代，算是已经在村里扎稳了脚跟。可是，又有什么用呢，村里人多田少，大部分人还是吃不饱饭，我伯父又带领着家人开始外出谋生。当时有个说法叫"搞副业"。我们全家就是这样跟着我伯父跑到广西来的。这也是我们这一代吉卜赛人生活方式的开始。随着时代的发展，没几年我们成了村里的首批万元户。后来的几十年，中国处于改革开放的大时代，我们村里大部分年轻人都开始往外面跑，打工、创业、读书、坑蒙拐骗、投机倒把，总之，村里只留下一些老人和小孩守着一栋栋的空房子。我记得是从1992年开始，奶奶去世以后，我爷爷就独自一人留在家里守空房。

我爷爷是2000年去世的，当时他知道自己快不行了，把家族所有的人都召集回去，大大小小子子孙孙二十几号人从五湖四海赶回去,把家里挤得水泄不通。

我爷爷一辈子都没去过医院。我坐在他的床边,握着他像树皮一样长满了老茧,坚硬而冰冷的手掌,心疼得要命。爷爷断断续续地跟我说,乖孙啊,你是我的长孙啊,我好不容易看着你们一个个长大成人,在这里扎下根基,好让你们安家乐业,你们又要四处流浪,这个用了几十年才刚刚暖和起来的家,一下子又变得空空荡荡,我不怕饥饿,不怕劳苦,不怕疾病,就怕家里没人。乖孙啊,以后不管去到哪里,都不要忘记家族的香火,要尽可能地开枝散叶,只有这样,生命才能得以延续,我临终前看到你们都能回来,也算是子孙满堂,家族兴旺,对得起列祖列宗了,你们身上都流动着我的血液,我也算是没有白活……

一辈子只会干活,像石头一样坚强和沉默的爷爷居然哭了,那是我唯一一次看见他哭,眼泪在满脸打横的皱纹里流淌、漫延。我们为爷爷举办了最为浩大的葬礼,邀请了村里所有的人。

后来我伯父伯母年纪也大了,回到村里建了小别墅，开始过养老的生活，还为村里修桥铺路，做各种各样的公益活动。村里也彻彻底底地接受了我们整个家族。这可能就是我爷爷和我父亲那一代人生存的意义吧。

而我的母亲，因为我父亲去世得早，就一直跟着我在外漂泊，直到今天和我们一起定居在南宁，带带孙子，打打麻将，偶尔能回老家看看，不用为生计担忧，也算是晚年的幸福生活了。

也许人生就是一场奇妙的旅行吧，你永远想不到接下来会有什么发生，唯有心怀希望，才有更好的旅程。

第七章 / 爸爸身上有点臭

我的家里、我的车里、我的青春记忆里，全都充满了螺蛳粉的味道。每次我从工厂回家，孩子会嘟嘟嘴说："爸爸身上有点臭。"

我清楚地记得，2013年到2014年，在淘宝上卖螺蛳粉的商家并不多。总共加起来都不超过十家。直到2015年，淘宝和天猫上的螺蛳粉商家才如雨后春笋般地冒了出来。我完全不怕更多的同行冒起来，因为完全没有必要担心，只要你所生产的商品是有市场需求的，这个不做，那个也会来做，你不可能做独家生意，市场不可能让你垄断。重要的是我们要做好自己眼下力所能及的事。

每一个行业都是一样，做的人多了才有竞争，有竞争了才有进步。那段时间的袋装螺蛳粉，从粉末型汤包逐渐进步成浓缩型液体汤包。预包装螺蛳粉在味道的还原度上得到了进一步的提高。我们作为螺蛳粉的生产企业也在同年制定了"方便螺蛳粉"的企业标准。直到2016年，柳州螺蛳粉地方标准出台，对从材料到工序一共五十五个小项制定了严格的生产技术标准，可以说袋装螺蛳粉从此进入了一个新的阶段。当然，标准越统一，食品的安全级别就越高，但味道却越来越雷同。其实那几年也是整个螺蛳粉行业竞争比较激烈的几年。

面对竞争，我们唯一能做的就是要求自己越来越好，确保品质，做好口碑，求同存异，始终要对得起支持我们的顾客。我这个人是不太注重营销的，我始终觉得产品比营销手段更重要，真正的营销是顾客发自内心的口碑相传，所以我们是没有营销部门的，我个人总是在产品上下功夫，不断地去升级，去改造。

我觉得每个人出品的螺蛳粉，就应该像每个书法家写出的作品一样，具有自己的特色，要做到在众多的书法作品中一看就知道这是你的作品。我可以毫不夸张地说，在那些所谓的螺蛳粉测评中，在无数碗煮好的螺蛳粉面前，我根本不用看包装袋，也根本不用品尝，一眼就能看出来，哪一碗螺蛳粉是我家的螺蛳粉。

在我从事袋装螺蛳粉经营后的那几年里，比我在北京开螺蛳粉店的那段时间更加痴迷，就跟着了魔似的沉浸在螺蛳粉里，微博打理的时间少了，跟顾客的互动也减少了，但我的家里、我的车里、我的青春记忆里，全都充满了螺蛳粉的味道。每次我从工厂回家，孩子会嘟嘟嘴说："爸爸身上有点臭。"每次我在家里煮螺蛳粉，孩子放学回来开门第一句话就是："爸爸今天又做螺蛳粉试验啊，好臭哦，不过我也想尝尝。爸爸可以给我弄一碗不辣的吗？"

"不吃辣不是湖南仔，给你少来点辣椒吧。"

"好的，谢谢爸爸。"

慢慢地，我儿子从刚开始的嫌弃到后面的喜爱，他和我仿佛找到了一种臭味相投的感觉，他认可了爸爸身上的这种臭，也爱上了这个有点臭臭的家。

仔细回想起来，我陪伴儿子的时间真的太少了。2013年他出生的时候正是我们做淘宝店的第一年，我经常加班，忙得基本上没有时间陪他。2014年至2015年，我在南宁一口气开了四家螺蛳粉店，待在家里的时间就更少了。

南宁的第一家店是2014年4月1日开业的，我当时在微博上发了一段感言：

2014年螺蛳粉先生南宁科园店新店感言

螺蛳粉先生如果是一棵树，它的生长势头喜人，每年都有新的枝丫。前年是北京蓟门桥店旧貌换新颜，人气更旺盛；去年是螺蛳粉先生淘宝店开张，保持全网同品销量第一，马上突破三皇冠；今年上半年成立了广西小马一九八零餐饮投资有限公司，南宁新店开张；下半年两千平方米的标准厂房即将开工投产。

这几年询问加盟螺蛳粉先生的朋友数以百计，我的回答都是希望大家再等一等，等我们更强壮一点，这样大家的风险就更加可控。可以确定的是，离这样的目标又迈进了一步。很快，螺蛳粉先生所有产品的主要食材都将由我们自己生产，每一个细节都从源头抓好。这是立业之本。

很多人可能不知道，螺蛳粉先生起步于北京一家五张桌子的小店。2001年，我来到南宁这所城市读大学，七年后，我从广西大学毕业，发现最让我怀念的竟然是广西的螺蛳粉。海漂北漂了两年，我放下所有的顾忌，开了那家微不足道的小店。我常常在北京寒冷的冬天骑着小电驴到处送外卖。记得有一次，我的研究生老师到北京去开会，他突然打电话给我，听同学们说了我在北京开螺蛳粉店的故事，想到我店里坐一坐。我心想，我这小店的知名度也够大的啊，正好我当时在附近送外卖，于是骑着小电驴兴高采烈地去接他。结果老师看着我冻得红肿的脸，骑着破旧的小电驴，迟迟不敢相信这是他三年前的学生。良久，他坐在我的小破车后面，深深地叹了一口气，"你还没买小轿车啊，我看你还是别卖螺蛳粉了，跟我回广西吧，有很多单位需要人啊，我帮你推荐推荐，你现在开个小店一碗一碗卖螺蛳粉，啥时候是个尽头啊……"可是亲爱的老师，你永远不会知道，当我把一碗碗滚烫的螺蛳粉送到顾客手中的那种欣慰；当我用三轮车载着两个北京大姐往店里赶，她们兴奋地在我的车上手舞足蹈，大声欢呼，那时我的心里有多美妙；当我看着顾客们一边大快朵颐，一边由衷地在电话里跟朋友说"你一定要来尝尝"的那种喜悦……我当时就在心里告诉自己，就算我回广西了，我也不会从事其他工作了，我觉得，我应该通过螺蛳粉把这份简单的幸福和快乐传递给更多的人。

这不，我回南宁了，继续干起了螺蛳粉的行当。

不管生意好不好，我相信，每家店里都会聚集越来越多的年轻人，大家能在这里找到一种臭味相投的感觉，红男绿女，茶余饭后，尽情地洋溢着他们多姿多彩的青春……

大家也许还记得，我们第一家店里那片凌乱的微博墙，那些五彩缤纷的贴贴纸是新浪的工作人员特意给我送来的，一张一张小纸条，记录着顾客们的喜怒哀乐和肆无忌惮的青春。如今我已经把它们一张一张地撕了下来，小心翼翼地保存到相册里去了，每每拿出来翻一翻，尽是温暖。

微博上经常有人问，螺蛳粉先生能在北京火起来，难道是改良版？墙内开花墙外香？作为螺蛳粉的推广者和经营者，我不敢说螺蛳粉先生最正宗最好吃，每个品牌每家店都有自己的味道。如今我把螺蛳粉先生开回广西，万分惶恐，因为广西，尤其是南宁有很多好吃的米粉店，我要在这里接接地气，向各位同行和前辈学习、取经，这样才能继承更好的传统。

4月1日，愚人节，没有开玩笑，我们位于南宁市科园大道35号的新店（南宁科园店）正式开张！面积不大，只有七十多平方米，因为我们在北京已经学会怎么节约用地。

南宁科园店和北京蓟门店一样，是年轻人集中的地方，是高校林立的学府区，希望大家光临本店，和螺蛳粉先生一起谱写属于我们自己的充满酸笋味的青春。

南宁首家店开张，感谢作家东西老师为螺蛳粉先生题写店名，并赐"南方奇香，撩动北国味蕾"；感谢评论家谢有顺老师题字"晴耕雨读"；感谢作家田耳老师题字"米粉养文章，两者皆飘香"。感谢螺蛳粉先生所有店员的不懈努力。当然更要感谢的是千千万万喜欢螺蛳粉先生的朋友，因为有你们的支持和喜爱，才有螺蛳粉先生的今天。

期待更多的朋友来品尝，期待螺蛳粉先生在更多的地方开花结果……

2014年4月1日

看到当年写下的这段感言，我颇有感触。有遗憾也有庆幸，遗憾的是，我的螺蛳粉连锁事业还在停步不前；庆幸的是，好险没有让别人草率地加盟。当年为什么一口气在南宁开了四个店呢，正是因为太多的人询问加盟螺蛳粉先生了。所以我自己想先试试，尽可能地多开一些店，尽量熟悉开店流程，掌握开店技巧和注意事项，方便以后更好地为大家服务，确保加盟商的利润。

但在北京快速开店显然是不现实的，房租和人员成本都太高了，就算有人愿意投资给我，如果再遇上劲松店那样的事情，我也输不起。在我们传统的价值观里，人情的债往往比金钱的债更加难以偿还。而当时在南宁开店成本就低多了。首先是房租和人工都比较便宜，再加上我们的淘宝工厂也在南宁，可以作为中央厨房。也就是说，我们的店面可以不用太大，甚至不用厨房，直接从工厂配送半成品到门店，再进行简单的加热即可出品。所以我毫不犹豫地选择了在南宁拓展开店。

但很遗憾，三年之内我关闭了南宁所有的门店。

我总结了以下几点失败的原因：一是南宁有太多太多的螺蛳粉店。甚至每隔一个公交车站，你都可以看到一家螺蛳粉店，没有谁会因为一碗螺蛳粉驱车几十公里来到你的店里大快朵颐，然后告诉你螺蛳粉有多美味，所以从一开始，我就没有找到我在北京开店的那种成就感。二是顾客群体的不同。南宁的顾客大都把螺蛳粉当作日常果腹的餐食，好吃的螺蛳粉随处可见，再好吃的螺蛳粉也是普通的工作餐而已，因为它并不稀有。而北京的顾客大都是怀着某种感情过来打卡的，使得我们北京的螺蛳粉店久而久之充满了文艺气息，螺蛳粉已经不单单是一份简单的工作餐了，仿佛自带了话题和情感。三是坐镇的人不同。我们回到南宁以后，收银姐姐在家带娃自然没有时间继续做收银姐姐了。我则东奔西跑，自然不可能分身去管理每一个店铺，所以每个店的店长和收银员与顾客的互动程度也是不一样的，不是每个店长都能给顾客一种宾至如归的感觉的，每一个店的氛围，与店长的气质是息息相关的。而培养和发掘好的店长，可能恰恰是我的弱项吧。四是出品的程序没有细化。虽然我们当时南宁螺蛳粉店的原料都是由中央厨房供货，但毕竟只是半成品，再加上每个店都需要现场熬汤，每一碗螺蛳粉送到顾客手中还是有很多变数的。并不是每个厨房都有一个像马大姐一样的大师傅能熟知螺蛳粉的每一个细节，能精准地把控每一样配菜的火候。生产一碗米粉的程序，你听起来很简单，但实行起来却不是那么容易，高峰期要把火力开到最大，还有些顾客不吃葱，有的顾客不吃花生。所以说在中餐的行业里，尤其是在特色小吃的行业里，同一个品牌，不同的门店，还是存在差异化的。很多人认为一个店的成功可以复制出一百个这样成功的店，那就大错特错了。

好在收银姐姐也是个顺其自然的人。她没有对我有过高的要求。我们都深知，成功是强求不来的。但努力是无处不在的。基于预包装螺蛳粉在味道的还原度上还是不太理想的情况，我在2014年年底回到了北京开始做原汤螺蛳粉全城外卖，我给这款螺蛳粉取名叫"叮一下就能吃的螺蛳粉"。

这是一款完全基于"生粉打包"衍生出来的产品。米粉我们给顾客泡好以后，过一遍清水，称好重量，用袋子装起来封好口，这就是一包鲜食米粉了。然后再装一小包绿叶子青菜，把花生米、腐竹、酸笋、豆角、木耳、辣椒油、酸泡椒等配菜也单独用包装袋装起来封好，最后再用袋子装上五百毫升店里直接熬制的螺蛳汤，再把它们全部装进一个大袋子里，这样一份与实体店一模一样的原汤螺蛳粉就做好了。想吃的时候就拿出来，撕开包装袋，把所有食材连汤一起倒入一个大碗中，放入微波炉里叮十分钟，大概加热到一百摄氏度的时候，就可以拿出来吃了。所以这款螺蛳粉叫"叮一下就能吃的螺蛳粉"。

　　"叮一下就能吃的螺蛳粉"属于原汤螺蛳粉，所以保质期很短，生产出来以后，必须全程冷藏送到顾客手中，顾客在食用之前也应该冷藏保存，并且还不能冰冻，因为泡好的米粉经过冰冻以后会断掉。所以我们当时选择了顺丰快递进行合作，发货也只能发北京同城。

　　但这个产品我们只做了半年就停止了。我们也采用了泡沫袋冷藏加冰袋发货的形式，但还是有部分顾客做不到次日到达，比如今天下午六点钟顺丰快递员到我们店里取走件以后，六点以后的单子我们要第二天下午六点才能给他发出。也就是说要第三天顾客才能收到螺蛳粉。尤其是到了夏天，原汤螺蛳粉在派送途中稍微超过几个小时，或者顾客拿回家没有及时冷藏都有可能会坏掉。总之，这款产品因为时效性太强了导致后来不得不暂停生产。

其实现在想想，如果当时闪送已经比较普及了，我们和闪送合作的话，应该是挺有前途的一个项目。可那时候的闪送才刚刚起步，闪送员也很少，我也没有听说过闪送这个业务。所以就此错过了。不过当时倒是有很多顾客要求我们把原汤螺蛳粉给他们送到地铁口，他们顺道带回去。我当时站在地铁口等顾客的时候，也冒出过一对一同城快递的想法，但只是一闪而过，因为这不是我所涉及的范围，我觉得操作起来还是很有难度的，所以就没有深入去考虑这个问题了，直到后来我第一次接触闪送，我突然感慨：这不就是我当年想做的事情嘛！如果我早点知道有闪送的话，我们的"叮一下就能吃的螺蛳粉"就能做到真正的全城派送，那效果肯定就不一样了。毕竟在那个外卖还不普及的年代，能够真正做到全城派送，那就真的太超前了。

但很多事情错过了也就错过了。2015年我停掉了"叮一下就能吃的螺蛳粉"项目以后，又回到南宁继续进攻预包装螺蛳粉。那一年，除了螺蛳粉以外，我的人生发生了另一件非常重要的事——我戒烟了。

我清楚地记得，在我们还没有开螺蛳粉店的时候，闹闹对我说过一句话，"你抽烟的样子帅呆了！"可是在2015年她怀老二的时候，对我说："你能把烟戒了吗？"

众所周知，戒烟不是什么容易的事。我身边无数的烟民朋友，我只有看到戒烟失败的，没有看到过戒烟成功的。但我还是铁下心来去做了。我觉得闹闹是有资格要求我做任何事情的。在创业初期她既是我的恋人也是我的导师；到结婚以后，她既是我的爱人也是我的家人；到小孩出生以后，她变成伟大的母亲，直到三个小孩出生，她把自己完完全全地奉献给了这个家庭。所以她问我能把烟戒了吗，我的回答当然是："能呀！"

不仅如此,我还开始跑步了。

我发现自从我大学毕业以后,不仅越来越胖,身体素质也越来越差了。胃窦炎和鼻炎经常犯,大大小小的感冒一年总要来个三五次。不可否认,这跟我从事的职业也是有一定的关系的。吃饭没有规律,热量摄入过高,都是导致我们身体亚健康的原因。我妈妈每次看见我在家煮螺蛳粉吃就一个劲地摇头:"又做试验吗?"

"是啊。"

"做试验尝一下味道就行了,别吃完啊。"

"我不吃完的话,我怎么知道顾客吃完了是什么感受呢?"

"哎呀,做试验都要做肥你啊!"

……

我戒烟的成功还得益于一本书,这本书的题目就叫《这本书能让你戒烟》。戒烟以后我的消化系统和呼吸系统都得到了空前的改善,体能也慢慢地增强了,每天早晨起来抽一个小时去广西大学运动场跑跑步。2019年的冬天,我参加了第十四届南宁国际马拉松的半马，用时2小时26分，顺利拿到了完赛奖牌。本来计划2020年跑全马的，结果因为疫情的到来使得我跑步的习惯在那个春天戛然而止。

是的，从某个方面来说，疫情成就了螺蛳粉。2020年春节，疫情开始的时候，民众出行不积极，基本上所有的螺蛳粉厂家的货都被抢购一空，再加上上游原材料的供应不足，螺蛳粉的商家们只能做预售。大部分商家预售都是一个月以后发货。当时微博上最火的话题是："我的螺蛳粉为什么还不发货？"其实疫情期间很多螺蛳粉都涨价了，但我坚持一毛钱都没有涨。我老婆当时肚子里怀着老三，对我竖起了大拇指：我觉得你们文人做生意吧，总有一点为他人着想的情怀。

同样，我们的工厂也进入了漫长的寻找原料的征途。从此以后我又一头扎进螺蛳粉里。刚刚养成的健康的跑步的习惯一下子又被我甩到了十万八千里外。

那年5月份，我与许美达联系上了。那时候她在抖音上已经有一千多万粉丝。她告诉我，要跟我一起做一款螺蛳粉，于是，她找来了赵阳，大羊螺蛳粉就此诞生了。从此，我的螺蛳粉事业也跟着进入了一个新的里程碑阶段。并且，相对我以前那种顺其自然的生活态度，美达的介入使得我的工作与生活充满了更加多的正能量。美达是一个精力非常充沛的人，总是呈现出一种积极向上的状态，并且她也是个作家，对人大度而和善，做起事来敢于承担又不畏困难，这样的人应该就是所谓的最佳合伙人了吧。尤其是在螺蛳粉的品控方面，美达给我带来了更加严谨的标准和要求，也使得我在螺蛳粉这条路上，越走越坚定。

很多时候，人对自己真正喜欢什么、终身职业从事什么，未必很清楚。我也是直到自己做了十三年的螺蛳粉，去到任何一个城市都是先在网上查一查资料，了解一下这个城市螺蛳粉发展的情况。蓦然回首，我才发现自己有了所谓的职业病，从而也确定了自己真正的职业。

其实从个人更新的角度来看，从事螺蛳粉这个职业是我的第一次真正意义上的蜕变。2010年我初做螺蛳粉的时候正好是三十岁，三十岁以前经历的新概念一等奖，经历的硕士研究生毕业，经历的炒股输得一塌糊涂,都没有让我真正成熟起来,很多让我印象深刻的美好或者能够洞察人性的某个瞬间都是在从事螺蛳粉这个职业以后开始的。

是的,螺蛳粉并不是什么珍馐佳肴山珍海味,它在很多人的眼里只是一碗臭臭的米粉罢了,但它在我的青春里,却留下了浓墨重彩的一笔。

这个世界值得我为它做一碗螺蛳粉,更值得我为它书写。

第八章/螺蛳粉知识普及篇

发展到今天,其实每家螺蛳粉店都有自己独特的风味……没有所谓的正宗与否。有时候正宗只是一种从小吃到大的习惯,或者是我们认为好吃的另一种表达方式。

螺蛳粉的历史概述

关于螺蛳粉的起源，江湖传说很多。一个比较浪漫的说法是很久以前，柳州有两个摆摊的年轻男女，他们的摊子面对面，一个卖米粉，一个卖田螺。某天打烊之后，男孩还剩一些米粉，女孩只剩下一些田螺汤了，两人因为生意太好没顾得上吃东西，就建议把剩下的粉和汤捞在一起吃了，就这样，螺蛳粉作为一种美食诞生了，男孩和女孩的爱情也诞生了。这听起来感觉假假的。最靠谱的说法应该是二十世纪七十年代末，"文革"结束，柳州的夜生活逐渐恢复，夜市开始繁荣。柳州人嗜吃螺蛳和米粉，不少食客在吃米粉的时候有意无意在自己的米粉里加入鲜辣的螺蛳汤。久而久之，摊主们开始尝试用螺蛳汤搭配米粉出售，柳州螺蛳粉也就此诞生。至于是谁摆出了第一个螺蛳粉摊，至今仍是未解之谜。之后经过聪明的从业者们前仆后继的改良，陆续加入酸笋、腐竹、花生、木耳、青菜、豆泡、鸭脚等配料，制作工艺不断完善，后传于柳州谷埠夜市，成为广西著名小吃。发展到今天，其实每家螺蛳粉店都有自己独特的风味，有的螺味重，有的骨汤浓，有的回甘好，有的香料浓。没有所谓的正宗与否。有时候正宗只是一种从小吃到大的习惯，或者是我们认为好吃的另一种表达方式。

螺蛳粉的吃法

螺蛳粉属于河鲜、海鲜类食品，对这两者过敏者最好不要吃。吃之前可以问问店家是用淡水螺还是用海鲜（花蛤等）熬的汤，这样，对海鲜过敏或者河鲜过敏的人就可以加以区分进行选择。至于回民朋友能不能吃螺蛳粉，也是要具体跟店家询问清楚的。螺蛳粉熬汤时会放些猪骨头，有些店家会放牛骨头，或者两者一起放，有些会选用鸡骨架，还会加少许鸡油，回民朋友吃之前最好问一下，一般厨师会尊重您的饮食习惯，如实告知的。螺蛳粉的辣度一般分为微微辣、微辣、中辣、特辣四个等级。理论上完全不辣的螺蛳粉是没有的，因为用来熬制螺蛳汤的螺蛳是加了辣椒炒制的。并且螺蛳粉的配菜，比如酸笋、酸豆角等也是加了辣椒炒制的。平时我们可以根据自己吃辣的程度选择，最好点单时告诉收银姐姐。一碗默认的螺蛳粉是没有肉的，您可以选择性地添加一些卤菜。吃螺蛳粉时还可以配一杯凉茶饮料，因为螺蛳粉比较辣，比较烫，配以龟苓膏、绿豆沙、木薯羹、罗汉果，甚至冰咖啡等，可以大大地丰富您的就餐体验。

如何识别好的螺蛳粉

一、汤的味道要柔和，有回味不刺激，有鲜甜味，如汤是刺激性的没回味，则很可能是用香精调出来的。

二、米粉要筋道。米粉粗细介于过桥米线的粗和麻辣烫粉丝的细之间，不能太软也不能硬得像意大利面。

三、腐竹是不规则的大片，有豆香味，不是那种用豆渣和淀粉合成的豆皮儿。

四、辣椒油有葱香味。一般做螺蛳粉的辣椒油会加入葱段,俗称油葱,很多柳州本地人说"没有油葱的螺蛳粉是不完整的",可见油葱在螺蛳粉中的重要地位。另外,制作辣椒油的辣椒粉不能像老干妈的油辣椒那么粗,细度要达到70目,加到粉里一定要像细沙一样能挂在粉上和碗沿上。

五、酸笋不是用醋腌酸的,一定是自然发酵的酸,甚至有点独特的臭味。

六、佐料必备酸泡椒,一定要用白米醋,不能用陈醋,酸泡椒里的白米醋可以给螺蛳粉去腥提鲜。

螺蛳粉的臭味来源

螺蛳粉为什么那么臭?很多人以为来自螺蛳,这是一个尴尬的误会。螺蛳臭了是绝对不能吃的。螺蛳粉的臭味主要来源是酸笋。酸笋作为腌制发酵的食品,在腌制的过程中,酸笋中大部分的蛋白质会被降解成氨基酸释放,同时大量的糖类物质通过微生物的作用转化成有机酸。随着发酵的进行,氨基酸与有机酸以及糖类等其他成分会进一步反应,转化成多种醛、酸、酚、酯、醇等物质，造成了酸笋独特的风味。其实这个味道单独闻起来也不会很大，可是在螺蛳粉中，酸笋的味道和螺蛳汤里各种辛香料的味道混合在一起，加上螺蛳的腥，就混合成我们闻到的这种味道了。正是这种上头的感觉，满足了当下人们对极致味蕾体验的尝试，吃重口味不再只是追求味蕾的刺激，还成为取悦自己、缓解压力的一种方式。

螺蛳粉里到底有没有螺蛳

话说，很多人一碗螺蛳粉下肚，摸着肚皮儿问道：螺蛳在哪？所以螺蛳粉里到底有没有螺蛳？这跟老婆饼里有没有老婆，是两回事。因为老婆饼里确实没有老婆，但螺蛳粉里是确实有螺蛳的，只是它存在的形式发生了变化，你可能没看到螺蛳，但吃的时候能感觉得到……螺蛳粉之所以叫螺蛳粉，因为是用螺蛳熬的汤，也就是说店家把螺蛳熬在汤里了。汤熬了数小时之后，螺蛳本身就没味了，所以就跟辛香料捞在一起丢了。但渐渐地，有一些商家为了增加顾客的体验感，强调螺蛳粉里的螺蛳味，推出了螺肉螺蛳粉，也就是说，除了用螺蛳熬汤以外，还额外地增加了一些炒制的螺蛳或者螺肉到螺蛳粉里。大部分螺蛳粉店加一份螺蛳或者螺肉是要收取一定的费用的。所以螺蛳粉里确定是有螺蛳的，关键看它以什么形式存在罢了。

螺蛳粉里一般会有什么配料

虽然每家螺蛳粉的组成略有区别，但基本配料大同小异：螺蛳汤、米粉、酸笋、酸豆角、花生米、腐竹、木耳、青菜和油葱辣椒油。每家店有自身的风味特色，比如青菜的品种会根据季节和地域的差异而不同，有空心菜、菜花、生菜、油麦菜……有些还会加些萝卜干、黄花菜、豆芽等。至于选配的配料就更加丰富多彩了，素菜、肉菜、豆制品、菌类、鸡蛋等等，可以说五花八门各显神通。举个例子，鸡蛋就有四五种：卤蛋、煎蛋、炸蛋、溏心蛋……所以一碗螺蛳粉，可以吃出花样来。如果来到广西，很多店铺会把一些免费的配菜放在配料台上供大家选用，让你随便加，比如鱼腥草、酸辣空心菜梗、腌制的酸萝卜等等，再加上特立独行的带皮鸭脚……这也是为什么你明明能在网上买到袋装螺蛳粉，还要不远万里到广西吃一碗街头螺蛳粉的魅力所在。

石螺与田螺的区别

螺蛳粉用来熬汤的螺，基本都会选用石螺。石螺主要生长在石底或有鹅卵石的水域，田螺一般生长在稻田、藕田、鱼塘等泥质底的水域。石螺个头比较小，一般都是手指头差不多大，最大的也就拇指头差不多大。田螺的生长环境食物比较充足，一般比较大个，差不多有乒乓球那么大。石螺的头比较尖，壳很厚，形状略长，接近椭圆形，外壳一般呈深绿色、暗黑色或黄色。田螺外壳较薄，形状较圆，壳表呈黄绿色到黄褐色。田螺大个，肉多，吃起来比较满足，但相对而言，石螺口感比较好一点，土腥味没有那么重。

螺蛳粉是煮粉还是烫粉

我们常常听到顾客对店家说"要碗螺蛳粉"，很少说"煮碗螺蛳粉"的。几乎所有的螺蛳粉店的出品都是烫粉。因为烫一碗粉比煮一碗粉的速度要快很多。四川的"麻辣烫"与螺蛳粉的"鲜香烫",皆以烫为其特色,两者的加工方式也极其相似,把已熟或者半熟、易熟的米粉、蔬菜、肉类放入热水中氽一氽,使食物受热后再食用。所以店家在出品螺蛳粉之前要做很多的准备工作,比如提前泡好米粉,提前炒好配菜,提前熬好螺蛳汤,为的就是出品速度能快一些。但大家在网上购买的预包装的袋装螺蛳粉,则是需要煮的。因为预包装螺蛳粉里的米粉是干米粉,没有提前泡好,所以需要顾客经过煮制方可食用,这就是预包装螺蛳粉也叫水煮螺蛳粉的原因。随着食品科技的进步,鲜湿米粉慢慢地代替预包装螺蛳粉里的干米粉,也逐渐衍生出很多方便螺蛳粉,比如冲泡型螺蛳粉、微波炉加热型螺蛳粉等等。

预包装螺蛳粉的发展经历

二十世纪九十年代中期,柳州方便食品厂、柳柳螺蛳粉厂、家柳食品厂等二十多家企业开始预包装螺蛳粉的生产，掀起了螺蛳粉的第一波工业浪潮。但由于技术层面上部分问题得不到解决，米粉久泡不软、配料过于简单、螺蛳汤味道寡淡等缺点，使得较早的预包装螺蛳粉在味道的还原度上达不到理想的效果，无法形成较好的市场。而且那时候的螺蛳粉店还没有离开广西，品类在全国来说还没知名度，预包装螺蛳粉也迈不出广西。后来经过了十几年的低迷期，直到2013年，预包装螺蛳粉才取得突破性的进展。螺蛳粉先生作为首家使用干制米粉、物理杀菌、真空包装等技术来保持螺蛳粉特性的代表企业，于2013年3月8日在淘宝网上开店售卖预包装螺蛳粉，因为干制米粉需要经过水煮方可食用，这是预包装水煮螺蛳粉的雏形。这种预包装产品对螺蛳粉在味道上的还原度比较高，所以一经推出就受到了广泛的欢迎和重视。并且那时候已经有不少螺蛳粉店走出了广西，尤其是借助自媒体的发展，以微博作为媒介来宣传，全国各地才开始慢慢知道螺蛳粉，接受螺蛳粉，预包装螺蛳粉也才得以卖得出去。后来很多厂家也开始参与进来，形成百家争鸣的局面。经过三年的发展和完善，作为螺蛳粉先生品牌的生产厂家，广西小马一九八零餐饮投资有限公司于2015年制定了水煮螺蛳粉的企业标准。到2016年食品安全地方标准《柳州螺蛳粉》作为地标出台，从材料到工序一共五十五个小项都制定了严格的生产技术标准。如今预包装螺蛳粉新品种的开发以及生产过程的自动化、智能化水平的提高，令螺蛳粉走向了国内外更广阔的市场。但也因为工匠精神和某些传统手工做法得不到大面积的推广，使得某些细节会有一些缺失。科技与速度，相对于传统与手工来说，肯定有得有失，具体情况则是仁者见仁智者见智了。

干捞螺蛳粉

干捞螺蛳粉实际上就是干拌螺蛳粉。它和普通螺蛳粉的区别主要在于干捞螺蛳粉是不带汤的。干捞螺蛳粉是先将米粉烫熟以后捞起，同样，酸笋、酸豆角、木耳、炸腐竹、花生米都不能少，再配以秘制卤水，也可以说是浓缩螺蛳汤，然后再添加油葱辣椒油以及其他一些配菜，搅拌均匀，最后撒上葱花点缀一下，这样一碗标准的干捞螺蛳粉就做好了。有的商家为了弥补干捞螺蛳粉没有螺蛳汤的缺陷,会给干捞螺蛳粉里加入一勺螺肉。那么,干捞螺蛳粉好吃还是带汤的好吃呢,仁者见仁智者见智吧,不同人的口味有不同的偏爱。有的人认为干捞螺蛳粉更爽口,因为卤水和螺蛳的味道没有经过汤的稀释更浓郁。这种吃法其实更适合赶时间的人,吃起来比带汤的螺蛳粉方便省时。尤其是平时吃东西比较快的人,嘬几大口就吃完了。现在很多店家也推出了鸳鸯螺蛳粉——像鸳鸯火锅一样的碗里面装着一半干捞螺蛳粉一半带汤的螺蛳粉。

螺蛳菜

螺蛳菜并不是用螺蛳炒成的一道菜。它是相对于螺蛳粉而言的,把螺蛳粉里的米粉替换为某种青菜,其他配料和汤都保持不变的一种不含米粉的衍生产品。众所周知,女孩子爱吃螺蛳粉,但很多女孩子为了保持苗条的身材不愿意吃碳水化合物,所以慢慢地,她们要求店家把螺蛳粉里的米粉全部或部分替换成青菜。这样一餐吃下来,就会减少很多卡路里的摄入，同时饱腹感又很好。店家们为了迎合顾客的需求，就推出了半粉半菜或者螺蛳菜。在螺蛳粉店的厨房里，经常是一口锅烫米粉，一口锅烫青菜。我们常常听到顾客对店家说"老板，要碗螺蛳粉，少粉多菜"或者"来碗螺蛳菜，不要粉"。螺蛳菜一年四季都会有变化，但基本都会选用当季新鲜的绿叶蔬菜，比如空心菜、菜花、生菜、油麦菜、豌豆苗、小白菜等。这种绿叶蔬菜不仅含有丰富的维生素，而且容易烫熟，泡在螺蛳汤里，新鲜水嫩，却很入味。所以螺蛳菜越来越受到女孩子们的青睐。

螺蛳鸭脚煲

螺蛳粉作为一种包容性强大，自主选择和搭配比较自由的小吃，衍生出了许多与其相关的丰富多彩的美食，形成了螺蛳粉家族。尤其是在夜生活非常丰富的广西，消夜如果仅仅是一碗螺蛳粉的话显然不能满足市场发展的需求。深受喜爱的螺蛳鸭脚煲应运而生。2018年9月，螺蛳鸭脚煲被评为"中国菜"之广西十大经典名菜之一。顾名思义，螺蛳鸭脚煲的主要原料就是螺蛳和鸭脚。螺蛳就是做螺蛳粉用来熬汤的石螺，鸭脚必须是油炸带皮鸭脚。平日里我们所吃的鸭脚，基本都是去皮鸭脚，而螺蛳粉家族里的鸭脚，基本都是油炸带皮鸭脚。这是一个非常显著的特征。基本上所有的螺蛳粉店都会提前把带皮鸭脚炸好放在冰箱里备用。油炸的带皮鸭脚金黄发亮，表皮鼓起，蓬松发胀，然后再浸泡到飘着油葱辣椒的螺蛳汤里，汤汁沁入鸭脚表皮，形成灌汤鸭脚，一口咬下去，鸭脚皮口感酥香，胶质感满满，鸭脚皮里面则包裹着软嫩的肉和骨，而沁入这皮肉之间的螺蛳汤又鲜又辣，直冲喉咙，十分过瘾。螺蛳鸭脚煲里，除了作为主料的鸭脚以外，其他的配料也十分丰富，比如荔浦芋头、农家腐竹、鹌鹑蛋、豆腐泡、炸土豆、金针菇、鸭血、时蔬等，可谓是一煲十味。后来，店家们在此基础上推出类似的螺蛳猪脚煲、螺蛳杂烩煲、螺蛳公鸡煲等各类螺蛳粉家族产品。但不管怎样，都会以螺蛳汤作为底料，再加入一把当地特色的香草——紫苏或者假蒌，那股浓郁悠长的味道，令人回味无穷。

后 记

一本书，一碗粉

蒋 峰

2008年，马中才从鲁迅文学院毕业之后，并没有回广西，他选择留在了北京。那一年3月，超人集团的罗总给他和土路兄一笔二十万的投资，在丰台开了一家文化出版公司。罗总生意做得大，自己也是一名诗人，半是情怀，半是资助，支撑才哥在北京生存了下来。

公司规模不大，小到只是在小区里租了一套三千多块的民居，小到只招聘了一名责编闹闹，且五年后闹闹还成了才哥的老婆，共同生育了两儿一女。小小的公司还是做了一些成绩，除了罗总一本图文并茂的诗集，我的《恋爱宝典》也在他那里出版，还有一位蛮畅销的女作家的新书也签约在他的公司。

可惜那几年是图书市场最灰暗的年代,博客的兴起,视频网站的普及,之后又是微博横空出世,这些都在抢占人们的阅读时间。年轻人在改变他们的文化消费方式,他们不再买书,图书市场以每年百分之三十的速度断崖式下跌。直到五六年后,作家行业里最畅销的两位作家都改行做了导演,出版领域的巨头公司纷纷进入影视圈,图书市场每况愈下。

才哥的公司很小,才哥自己也不是那么畅销的作家,他撑不到五年,只在第二年,2009年,他就不得不面临卷铺盖走人,离开北京的状况。他那时给我打电话,说他要走了,让我以后去广西找他玩,又说偌大的北京连一碗螺蛳粉都吃不到,早该回家了。

当天下午,我去了丰台,看他和责编闹闹各自打包,清算薪水,公司破产。陪他去西站买了回广西的火车票,他已经买不起机票,二十多个小时站回南宁,且还要十几个小时回到百色老宅。晚上我们吃了散伙饭,现在想到那几年我们一直在送人,一个又一个的作家朋友离开北京,未来如何谁也讲不清楚。

我看着才哥上火车，之后诡异的事情就发生了，可能就是他在车上的这二十多个小时，他弟弟一夜输了三十多万，把家里的老宅抵掉了。才哥没有家可以回了！

回去没有家，他把妈妈从百色接回北京，吩咐在东莞工厂的妹妹和妹夫找一家螺蛳粉店打工偷师，同时他在北京选址开店，由于没有钱，只在菜市场旁边找了一个档口。而责编闹闹呢，也从图书责编转型为螺蛳粉店收银兼副店长。螺蛳粉先生就这样开业了。

之后的故事，马中才都写在了这本书里。"苍蝇小馆"奇迹般地做成了微博时代的网红大店，马中才也从才哥变成了财哥。

这些都是十四五年前的事情了，倏忽一过，我们都已经进入了不惑之年。当初我们那一帮"80后"作家，一茬又一茬送离北京的作家，有人在老家相亲生子，进入机关工作；有人调整方向，改行成为网文作家；有人创业失败，有人创业成功；有人成了编剧导演，有人进了大学教书。只是那年代不会再有了，再也不会有那么多怀揣理想的青年作者，蜗居在一个城市，然后大逃杀一般逐一离开。改头换面，拥有一个全新的社会身份，酒局上推杯换盏，不熟识的人死也不会猜到，原来你曾经写过几本书，你曾经也是青春文学的代表人物，你竟也是一名"80后"作家。

一家店,一个家

水 格

2007年春天,我在北京参加青年作家座谈会,第一次见到马中才,和我身高体重相仿,简简单单,白开水一样,性格好好先生,这是第一印象,江湖人称才哥。

紧接着的夏天,我怀疑他是在面包机中度过的。

因为到秋天在鲁迅文学院再见面的时候,才哥胖到我几近认不出,怎么形容呢,就说朝阳北路上的药店门口有个体重秤,有一天我们从那路过,他站上去称重,那个秤哀号一声后直接去世。

我还是第一次看见有人把秤给踩坏了,几乎当场笑翻。

才哥可真是我的开心果啊。

我问他怎么可以胖成这样，不过三四个月，增肥了五六十斤，你是要去做特型演员吗，还是被谁搞大了肚子。他也不说原因，他不说我就伸手去摸他圆滚滚的、像是西瓜一样的肚皮，问他身孕几个月了，才哥会做生意的天赋此时就峥嵘初露，他说摸一下十块钱，然后一个冬天下来，我就欠他好几千了。

2007年才哥炒股，简直是我等贫农眼中的土豪劣绅。

虽然我不炒股，但我也很关注股市行情，因为只要股票一涨，才哥就会请我们大吃一顿，我和蒋峰还有李海洋这三个穷鬼就像三个小弟一样，跟在才哥屁股后面蹭吃蹭喝。

那年代我们还自诩是穷讲究的文艺青年，吃饭也得讲究讲究：

比如，蒋峰不吃醋，李海洋不吃鱼，马小淘不吃蘑菇，我不吃白肉，只有才哥例外，他冥思苦想了好几天，发现自己啥都能吃，吃啥都香。

我狄仁杰探案一般，斩钉截铁，说答案找到了，才哥，你胖成这样，真相只有一个，那就是因为你实在是太能吃了!

有天晚上,蒋峰凌晨三点闯进我的房间,把裸睡的我从梦里摇醒,然后一脸惊悚地告诉我才哥没了,我花了半天才弄明白才哥不是真的没了,而是失踪了。

当晚,几人打牌至凌晨两点,从棋牌室出来后大家一起去厕所,蒋峰和李海洋尿完后就出来在外面抽烟聊天等才哥,等了半天也不见人出来,蒋峰还说听到了一声"啊"的怪叫,猜可能是才哥掉粪坑里了,两人一起去找,厕所里空无一人,才哥就这样人间蒸发了。

蒋峰说,别的我都不怕,我就怕才哥挂了。

李海洋说,才哥被人捅了几刀,身上的钱都被抢光了。

我们三个站在学校西边的护城河边,河水上空浮动着一团一团诡异的白色雾气,对面是正在施工的工地,巨大的建筑物潜伏在夜色里像是伺机出动的怪兽,配合着我们关于才哥惊悚的想象。

蒋峰开始他的推理,要是才哥真被捅了,肯定被扔进了河里。

我们三个从凌晨三点开始找，一直找到天亮，也不见才哥半点踪迹。

我慌急了。

这时，蒋峰提议吃个早餐，半个小时之后，如果还没有线索就要去报警了。

喝豆浆的时候，蒋峰和李海洋开始打才哥的主意。

蒋峰对李海洋说，你有笔记本（电脑）了，我还没有，我要才哥的笔记本。

李海洋很大方地挥了挥手说，笔记本你拿走，我要才哥的股票好了。

我正想抗议瓜分才哥财产为什么没有我的份的时候，李海洋的电话响了。

他吓得一下子从凳子上跳起来，我干啊，马中才这贱人，一说分他东西他就来电话了。

才哥说，我回到宿舍一看手机，我干啊，我有一百多个未接来电。

李海洋说，那你快出来啊，我们找你埋单啊。

才哥说，我走了好多的路，现在饿死了！

才哥来了先喝了碗豆浆，才开始说话，我走丢了，我从厕所出来后发现你们不见了，我大叫了一声之后也没人理我，我就找你们去了，找着找着我就发现我站在了东直门的桥上，然后我又走了回来，一路上我问了十几个环卫工人才找到回来的路。

我看了看表，才哥从失踪到回来，一共用了四个小时，身无分文的才哥差不多走了半个北京城。

实在是又强又惨。

有次我们几个人去动物园买衣服，蒋峰选了件跟斑马似的条纹卫衣穿给我们看，就是那种身高一米九打篮球的男生穿上还显得有点肥的款式。蒋老师仿佛穿了件道袍，只露出了短短的一截小腿，问这件怎么样，老板娘都沉默不语了，而才哥竟然昧着良心用力鼓掌——说这件衣服太配蒋老师了，十分帅气十二分拉风！

蒋峰是真信任才哥啊，爽快付款，衣服当场上身，跟臭显摆似的上街了。

俩人挤挤挨挨地走一起，我离得远远的，很想装作不认识他们俩……

有天蒋峰大发慈悲，要请我们去洗澡。

交完钱之后，每个人得到一张澡票，我们每个人的票都是红色的，只有才哥的是白色的。

才哥问老板娘，为什么呢？

老板娘说，红色是男生，白色是女生。

才哥当场爆炸，他说，你看清楚，我是不是男的。

老板娘瞟了一眼蒋峰说，我还以为你们俩是一对呢。

蒋峰不乐意了，他说，你那是什么眼神啊，还我们俩是一对，咋不你们俩是一对呢，长成这样你敢要啊？

有一年春节回家过年之前，蒋峰给家里打个电话说，爸妈，今年我要带个朋友回家一起过年。

然后老人就给高兴坏了，胸口酿蜜，隆重准备，完全是迎接未来儿媳的标准，也许红包都偷偷装好了。

腊月二十八，蒋老师回来了，身旁站着一位比他吨位还重的小胖子。

那年冬天，南方很多地方都下雪了。东北就更夸张，大雪被扫起来堆在路两旁，像小山一样有五六米高。

各地航班取消，道路堵塞，火车延误，很多人不能回家过年。

才哥也没回家过年。

不是因为百年难遇的雪灾，也不是因为春运不好买票。

我们每个人，都有遭遇人生无常的可能性。

才哥是那种非常乐观的人，难受的时候，至多就是保持沉默。

大约就是春天，我们从北京分开，他回到南宁后不长的时间，父亲去世。

作为长子，才哥处理父亲的身后事，本就焦头烂额，又因为牵扯生意，经济状况一落千丈，一家六七口人，七零八落，连找个落脚之处都成了难题。

那个夏天，被拉得格外漫长，每一日都是煎熬。还没毕业的才哥婉拒了导师留校读博的好意，他需要的不仅仅是个人安稳的前程，而是冒更大的风险去拼去抢去闯荡，用最快的时间赚到钱，平债置业。

他在焦虑之中，一天天地胖起来。

2007年的时候全民皆股，才哥把写书赚到的版税全部投进股市，额外又赚了好多钱，在才哥还没有来得及套现贴补家用的时候，股票指数在年底掉头直线跳水，大盘惨绿一片。

变成穷鬼的才哥，那年冬天第一次没回南宁，跟着另一个穷鬼蒋峰去了冰天雪地的东北。

大年三十的时候，才哥给我打电话，招呼我说，来长春跟我们一起去滑雪吧。

电话后面的背景人物蒋峰上蹿下跳说，这货比东北人还东北人，穿着一条单裤在外面晃荡，我都快被冻死了。

才哥嫌弃地说，你那么胖。

接下来的三四年也并不顺利，毕业之后的才哥先后打过两三份工，从南宁到上海，辗转又来到北京。有段时间他很迷茫，不知道要干什么，几个朋友凑在一起的时候，偶尔也会聊聊将来，但将来是什么样，谁也不清楚，很快大家各忙各的，蒋峰总是在打麻将，李海洋总是在抽烟，才哥他总是在吃。

第一次创业是做出版公司，但投资很快就被赔光，像是山穷水尽。

那时我出差到北京，就去找他玩，那是他第一次跟我说起要去做餐饮的想法。他在笔记本上给我看他做的融资计划书，启动资金大约需要几十万，已经身无分文的他拿着项目书到处去找投资，中间大约持续了有一年左右的时间，没人对他的项目感兴趣。

看完项目书，他又拉我去王府井的一家米线店考察，整顿饭他都在点评桌上的两碗米线，汤的鲜度啊米线的口感啊BALABALA的，而我一点区别都尝不出来。

他对一碗粉的感情，专注，热爱，坚持。

我在迷茫而混沌的时光里看到了温度。

那种温度让人对未来充满了一种莫可名状的确定感。

螺蛳粉先生的店是2010年开起来的，在电影学院对面的蓟门桥小区，就着菜市场的一个角落，三十平方米，局促得很。开业的时候，在北京的朋友生怕才哥会破产，都跑去帮忙，挤挤挨挨的，又热闹又温暖。

摇身一变成了马老板的才哥却是最辛苦的人，支起一家小店不容易，应付各路检查，身兼数职做收银、送外卖、当采购员等等。

送外卖时因为翻车而迟到，又被客人退餐，风一吹眼泪就忍不住地往下淌，可是天生乐观的才哥会苦中作乐，就着北京冬天的凉风大快朵颐，把顾客退订的螺蛳粉吃光。

我去看他时，他开开心心地端出一大碗粉，加了量，放了辣，像是端来了一座小山，一张脸都埋在了热气腾腾的碗里，吃饱喝足的晚上，微风一吹，整个人都沉浸在一种幸福感里。蓟门里小区是北京的老小区，餐馆密密麻麻开满了一条街，晚上灯火一亮，像是热闹的微型簋街。人声鼎沸中就有了那么一点家的味道。

我被辣出了鼻涕和眼泪，拼命扯餐巾纸擦，一边擦我一边在想，天亮之前的那一段黑夜，才哥就要熬出头了吧。

年轻的时候我们向往自由和远方，我们对光鲜的事物格外着迷，不顾一切地想要挣脱家和父母的束缚，很多人以各种奇奇怪怪的方式离开家。比如蒋峰退学回到长春还不到一年的时候，犹如笼中困兽一般，他在街边做了一张假的录取通知书，然后骗了父母几百块的车票钱，就那么头也不回地去了广州。

远方真的那么好吗？

要浪费多少青春和精力，要在外面淋过几场风雨，遍体鳞伤的你才能够明白：人生不长，家最重要。家也不是一直都在，所以，幸运的人折回头去看，父母还在你出发时的原地等你；而不幸的人再回头时，已是无家可归。

我读过最极端的一个故事是，1998年的时候杨澜采访诺贝尔奖获得者崔琦，她问，如果当年你的母亲没有坚持让你去读书，今天的崔琦会是怎么样的呢？可能杨澜期待崔琦教授的回答是如果没有母亲的坚持，他就不能取得今天这样举世瞩目的成就。

十二岁的时候崔琦离家求学，他还太小，眼含泪花，不想走，舍不得走，母亲安慰他说，没关系，明年麦收的时候你就能回来了。可是再回家时已经是三十年之后的事了，崔琦教授一辈子也没有再见到他的父母。

他父母在"三年困难时期"被饿死了。

崔琦教授流下了后悔的眼泪。

他回答杨澜说，我宁愿当时留在河南农村，也许我至今是一个不识字的农民，但是我相信如果有儿子在的话，我的父母不会饿死。

大智若愚的才哥，因为蹚过了那一段没有光亮只有泥泞的道路，比我们更早懂得家的重要。

而一家小小的螺蛳粉店，让才哥得以和家人重聚在一起。虽然不是在南宁，而是在北京，但无论身处何地，有家人的地方就是家，一家七八口人围着一家热气腾腾的小店忙碌着。

后来有很多投资人来谈生意时，想要入股才哥的螺蛳粉店，要快速做大做强，但才哥总是格外保守。因为他们不知道这家店对才哥来说意味着什么，它甚至不仅仅是一份事业，而是他曾经赖以生存后来又一不小心弄丢的那个家。

才哥跟我说，他卖的螺蛳粉就是他自己在家从小吃到大的食物，到他店里吃粉就好像去才哥的家里做客一样，是他们家的味道。我终于知道为什么那样局促而寒酸的一家店，有那么多的食客愿意来捧场。

在北京，有成千上万离家的游子。

他们来螺蛳粉先生点一碗粉，吃到酣畅淋漓或者热泪盈眶，温暖远离家乡的胃肠，慰藉漂浮异乡的心灵。

螺蛳粉先生，这是他的家。

2012年的时候，才哥的感情生活瓜熟蒂落，他结婚了。

喜宴之后，一群好朋友去附近的KTV唱歌，蒋老师唱到情深处，丢掉麦克风，蜷缩在沙发里号啕大哭，才哥拍着他轻声安慰。

我很白目，拿手机咔咔拍照，像是娱乐版面的狗仔。

我忘记了所有不开心的事情。

我调侃蒋峰说，你哭是不是因为才哥结婚了，可惜嫁的不是你。

哈哈哈哈哈。

散场的时候已是深夜。

我们站在雨里挥手道别,仿佛青春散场。

蒋峰还在哭,他几乎哭了一个晚上。

那天晚上的北京一直在下雨。

很大的雨,声音很响地从天上落下来,冲刷着整个城市,天空中偶尔还划过闪电。可是再大的风再猛的雨才哥都不怕了,他用自己的双手重建了新的家,坚固安稳,能挡所有风雨。

每个人概莫能外都要长大,都要重新理解家之于每个人无可替代的作用,都在某一天会突然想明白,家也并不是一直都在,要珍惜它要保护它。想到这一点,我撑起雨伞,往更黑的深夜走去,走着走着,刚喝过的酒这一刻涌向四肢百骸。倚在过街天桥的栏杆上,我看着眼前那一大段暗无天日的路,眼角湿润起来。

让好故事影响更多人

总 监 制：孙　毅

监　　制：徐　瑶

统　　筹：黄　琰

营销支持：侯庆恩　常同同

联系我们：chuban@bytedance.com